수첩에 펜으로 끄적끄적

수첩에 펜으로 끄적끄적

박영규 지음

↳ 엔진

항공기

↳ 탑승교

(터그카)
무거운 항공기를 이동시키는
힘센 차이다.

출발 전에 바라보는 비행기는
언제나 설렘을 안겨 준다.
뭔가 메이크업을 받고 있는 듯한
비행기와 수줍은 미소로 눈이 마주쳤다.

일본
여행 편

좋은땅

〈만년필·수첩 비기〉

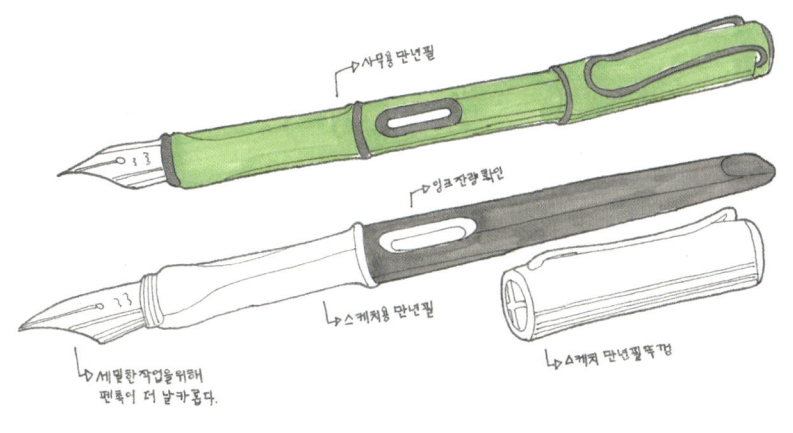

↳ 사무용 만년필

↳ 잉크잔량확인

↳ 스케치용 만년필

↳ 스케치 만년필 뚜껑

↳ 세밀한 작업을 위해
펜촉이 더 날카롭다.

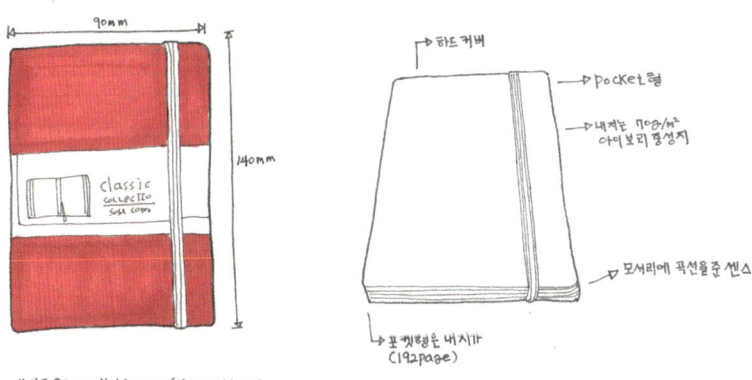

↳ 하드 커버

↳ pocket형

↳ 내제는 70g/m²
아이보리 중성지

↳ 모서리에 곡선을 준 선△

↳ 포켓형은 버지니
(192page)

classic
COLLECTIO
SOLE COMO

90mm

140mm

· 사이즈 90mm × 140mm (9cm×14cm)

· 주머니에 쏙 들어가는 사이즈여서, 여행에 안성 맞춤

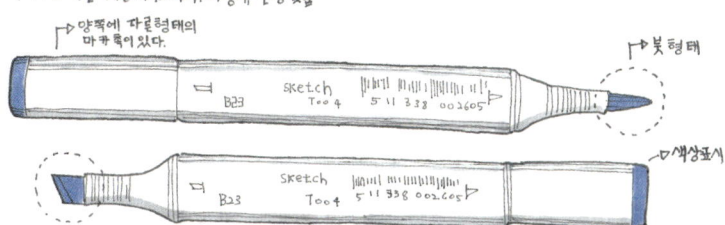

↳ 양쪽에 자른형태의
마카 촉이 있다.

↳ 붓 형태

↳ 색상표시

B23   sketch
       Too4   5 11 338 002605

B23   sketch
       Too4   5 11 338 002605

| 머리글

    정말로 많은 고민이 있었습니다. 과연 어떤 컨셉의 책을 만들어야 되는가? 일반적인 글로 꾸며진 컨셉으로 할지, 아니면 그림과 간단한 글로만 채워진 컨셉으로 할지. 이런 고민에 빠져서 원고 작성의 시작도 못하고 있을 때 불현듯, 어릴 적 학교 숙제로 해 가던 그림일기가 생각이 났습니다. 그림일기는 제가 원하는 그림과 글을 알맞은 내용으로 꾸밀 수 있는 장점이 있어서, 아마도 제 이야기를 적절하게 담을 수 있는 안성맞춤의 그릇일 거라 생각했던 것 같습니다.

    이렇게 많은 고민을 하며 책의 컨셉을 생각하면서도, 그보다 더 중요했던 것은, 아무것도 모르는 제가 책을 쓴다는 것, 어찌 보면, 이보다 더 중요하고 감계가 무량한 노릇이 어디 있겠습니까? 그렇기에 이런 저의 책을 소중한 시간과 소중한 금액을 지불하시고 봐 주시는 독자분들에게 한없이 높은 감사의 인사를 드리며, 그렇기에 열심이 또한 많은 사명감을 같고 글과 그림을 작성하였으니, 재미있게 읽어 주시는 것만으로 다시 한번 감사의 인사를 올립니다.

그리고 한가지 말씀드리고 싶은 것은, 그림 속에 작성된 내용들은 개인적인 생각과 얇은 지식으로, 작성된 글이므로 틀린 부분들이 많이 있을 수 있으니, 전문적인 내용을 원하시면, 꼭 서점과 인터넷을 통하여, 정보를 얻으시기 바랍니다.

목차

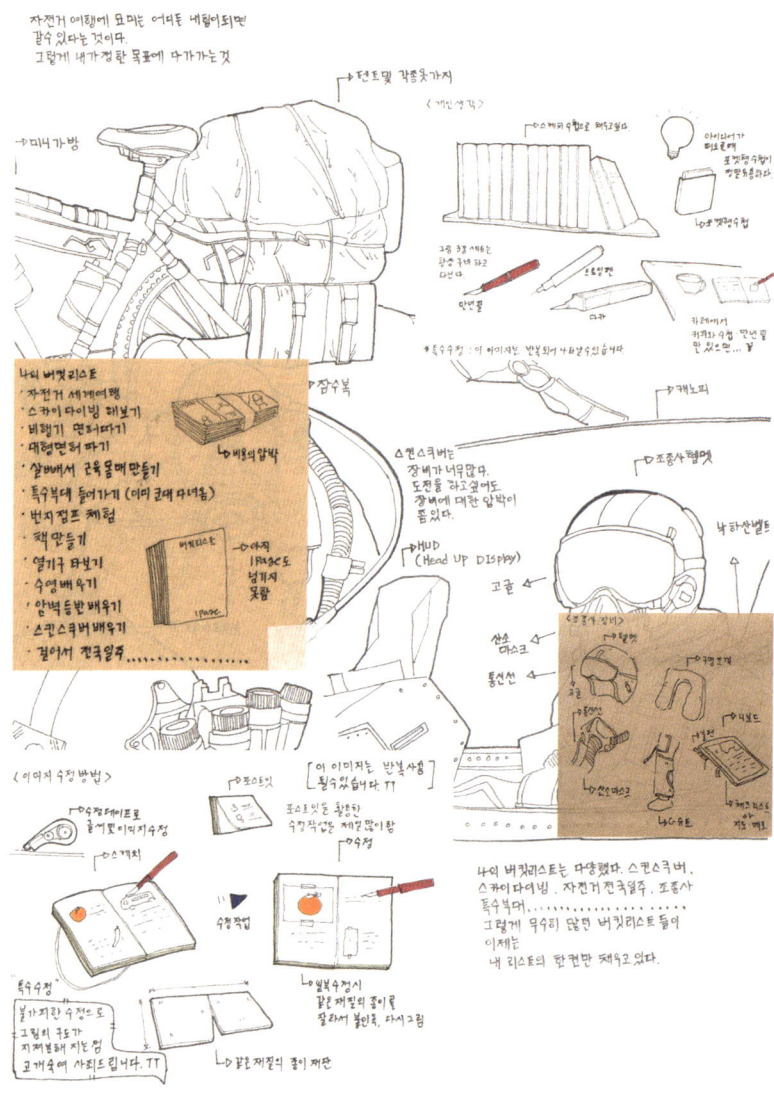

자전거 여행에 묘미는 어디든 내킬어되면
갈수 있다는 것이다.
그렇게 내가정한 목적지 다가가는 것

→ 텐트밑 각종 못가지
<기선 생각>
→ 소스케어 5장을로 떼드로울
→ 나의 백업수집

→ 미니 가방

그중 3장 서류는
쿠션 주머로 자연스... 다이어리가
떼드로울로
로켓펀 수집되어
행정들과과

안건물
→ 로헹펜
미과

카메라,4엽 만년필
만 있으면... ?

※특수수집 : 이 이미지는 반복화여 4용할수있습니다

→ 잠수복
→ 밤의 알박

나의 버킷리스트
· 자전거 세계여행
· 스카이 다이빙 해보기
· 비행기 몰어보기
· 대형면허 따기
· 산에서 근육몸매 만들기
· 특수부대 들어가기 (이미 궁내 다녀옴)
· 번지검프 체험
· 책 만들기
· 열기구 타보기
· 수영 배우기
· 알박 등불 배우기
· 스킨스쿠버 배우기
· 걸어서 전국일주......

버킷리스트
→ 아직 1page도 넘기지 못함
1page

△ 스킨스쿠버는
장비가 너무많다.
도전을 하고싶어도
장비에 대한 압박이
틈이 있다.

→ 캐노피
→ 조종사 헬멧
→ 하산벨트

→ HUD (Head Up Display)
고글 ←

산소 마스크
통신선

<조종사 장비>
→ 달빙
→ 우기 껍제
→ 산소 마스크
→ 네트
→ 서젼
→ 유슈트
→ 선지 백

<이미지 수정 방법>
→ 수정테이프로
올긴뭘 이미지 수정
→ 수수 개치

→ 포스트잇
[이 이미지는 반복사용
 필수있습니다. ㅠㅠ]
포스트잇을 활용한
수정작업도 제일많이함
→ 수정

특수 수정
불가피한 수정으로
그림이 구도가
지저분해 지는점
고개숙여 사죄드립니다. ㅠ

→ 수정 작업
→ 일부 수정시
같은 째질의 종이로
잘라서 붙임. 다시 그림
→ 같은 째질의 종이 깨만

나의 버킷리스트는 다양했다. 스킨스쿠버,
스카이 다이빙, 자전거 전국일주, 조종사
특수복머,.............
그렇게 무수히 많던 버킷리스트 들이
이제는
내 리스트의 한편만 돼오고 있다.

버킷 리스트

나의 버킷 리스트 중 하나인 책을 만드는 것의 시작은 아마 10년 전으로 거슬러 올라간다. 그날도 여느 때처럼 직장동료들과 간단한 커피 한잔을 마시면서, 이런저런 이야기를 나누고 있을 때, 불현듯 동료 한 명이 이런 이야기를 하는 것이었다. "혹시 너희들도 버킷 리스트 한 번 생각해 본 적 있어?" 음 그때는 회사 업무도 워낙 바쁜 직책이고, 질풍노도의 시기인지라 그런 것은 생각해 보지도 그럴 겨를도 없던 시기였다. 헌데 업무시간에 일을 하면서, 곰곰이 생각해 보니, 나도 나만의 버킷 리스트를 생각해 본 적이 있었나?

이런 궁금함에 다른 이들은 어떤 생각들을 가지고 있는지 인터넷에 검색해 보니 정말로 다양한 버킷 리스트들이 쏟아져 나왔다.

스카이다이빙, 운전 배우기, 그림 배우기, 스킨스쿠버 배우기부터 세계일주하기, 자전거로 전국일주 등등 셀 수 없을 정도의 내용과 내가 생각지도 못했던 기상천외한 리스트들이 많이 나왔다.

그중에 눈에 들어온 내용이 있었으니 그건 "나만의 책" 만들기였다. 어찌 보면 단순히 리스트를 채우기 위한 일반적인 내용이었으리라. 헌데 나의 머릿속 아니 가슴 한 켠에서 뭔가 울림이 올라오는 것 같았다. 나만의 책? 온전히 나만의 생각을 나만의 방식으로 글과 그림을 이용해 책을 만들어서 다른 누군가가 읽는다면? 갑자기 생각만으로 온몸에 전율이 느껴졌다.

"그래 내가 이건 한번 해 보자", 안 그래도 의지가 아주 많이 부족한 내가 이것은 한번 이루리라 다짐하고 또 다짐한 세월이 10년이 지났다. "이 기간이면 책 몇 권은 썼겠다"라며 이렇게 나 자신에게 의지 부족을 질책하면서 이번에는 꼭 만들어야지 한 것이 바로 이 책이다.

어느 독자분은 이 책을 보시고 "와~ 뭐 이런 책이 있냐?" 하시는 분도 계실 거고 아니면 "음 나름 애썼네." 하시는 분들도 계실 것이다.

괜찮다. 이정도의 질책은 얼마든지 감수할 수 있는 마음이다. 나는 이 책을 소중한 시간과 소중한 돈으로 사주시고 읽어 주시는 것만으로도 독자분들께 너무 감사한 마음이 하늘 높이 솟구치고 있으니 말이다.

책을 만들고자 마음을 먹으면서, 또한 많은 고민이 있었다. "과연 내가 책을 만들 수 있을까?" 직장생활하고 집에 오면 잠자기 바쁘고 주말에는 빨랫줄에 널어놓은 빨랫감들처럼 한 켠에 널브러져서 시간을 보내는 내가 과연?

이런 고민을 한 번에 잠재워 줄 필연 같은 무언가가 정말 운명처럼 나타났다. 아니 필연이란 말이 맞을 것이다. 여느 때와 같이 주말에 유튜브와 한 몸이 되어 시간을 보내고 있던 때였다. 〈낭만닥터 김사부〉 쇼츠를 우연히 보게 되었는데, 내가 정말 좋아하는 배우이신, 한석규님의 대사가 흘러나오고 있었다.

"누가 그럽디다. 포기하는 순간에 핑곗거리를 찾게 되고, 할 수 있다고 생각하는 순간에 방법을 찾는다고."

맞다. 이 대사가 내 인생 나침반의 방향을 바꾸어 버렸다. 가슴에 비수가 꽂혔다. 그렇다, 매번 생각은 하지만 막상 마음 한 켠에서는 귀찮기에 핑계를 찾았으리라. 지난 시간의 내가 부끄러움으로 다가왔다. 이때부터였다. 하나씩 뭔가를 해 봐야겠다는 생각이. 그래서 책을 만들기 위한 방법을 찾기 시작하였고, 나름의 책 컨셉을 생각하면서 시간이 생길 때마다 휴대폰에 메모를 하기 시작했다.

책의 컨셉은 여행을 많이 가지는 않지만 한 번 가면 사진이 아닌 글과 그림으로 남기려는 나의 습관을 책으로 만들어 보자는 것이었다.

책을 만들기로 다짐? 생각을 하고, 과연 독자분들은 어떤 종류의 책을 읽으시는지 버스, 지하철에서 책을 읽으시는 분들의 성향을 알아보기 위해 조심스럽게 주위를 둘러보면, 요즘은 휴대폰을 많이 해서 그런지, 책을 읽는 분들을 많이는 볼 수는 없지만 가끔 마주치는 분들을 보면, 유명작가의 소설이나 자서전, 아니면 전문서적들을 많이들 읽으시는 것 같다. 이건 개인적인 취향이지만 나는 글만으로 채워진 책은 잘 읽지 않는 편이다.

그렇다고 만화로만 채워진 만화책은 나와 맞을까? 그것도 아니었다. 그럼 내가 읽거나, 독자 분들이 읽었을

때 지루하지 않은 책을 만들려면 어떻게 해야 하는가? 여기서 불현듯 생각이든 게 어릴 때 숙제로 해 가던 그림일기였다. 그림일기는 그때는 나름 재미있게 했던 숙제였던 것 같다.

이렇게 그림일기처럼 글의 중간중간에 그림을 넣으면서 구성을 하면 뭔가 재미있지 않을까? 이런 생각의 끝에서 비로서 이 책의 시작을 알리는 아이디어를 생각하게 되었다.

여행 이야기로만 채워진 줄 알고 이 책을 구입하신 독자분들에게 제 이야기만 들려드려서 죄송한 마음이 들지만, 이건 뭐랄까 앞으로 더 많은 책을 쓰고 싶기에 이렇게 제가 책을 만들면서 많은 고민과 열정들을 잠시나마 보여 드리면 다음에도 또 알아봐 주시지 않을까 하는 작은 바람이 있어서 그런 것이니 많은 이해 부탁드립니다.

우리는 항상 마지막을 생각한다. 그 순간이 웃음이 가득할지, 아니면 슬픔이 가득할지. 그래서 인생을 살면서 희망을 챙기려 애쓰는 건 아닐까?

〈짐벌·보조배터리·위쳐〉

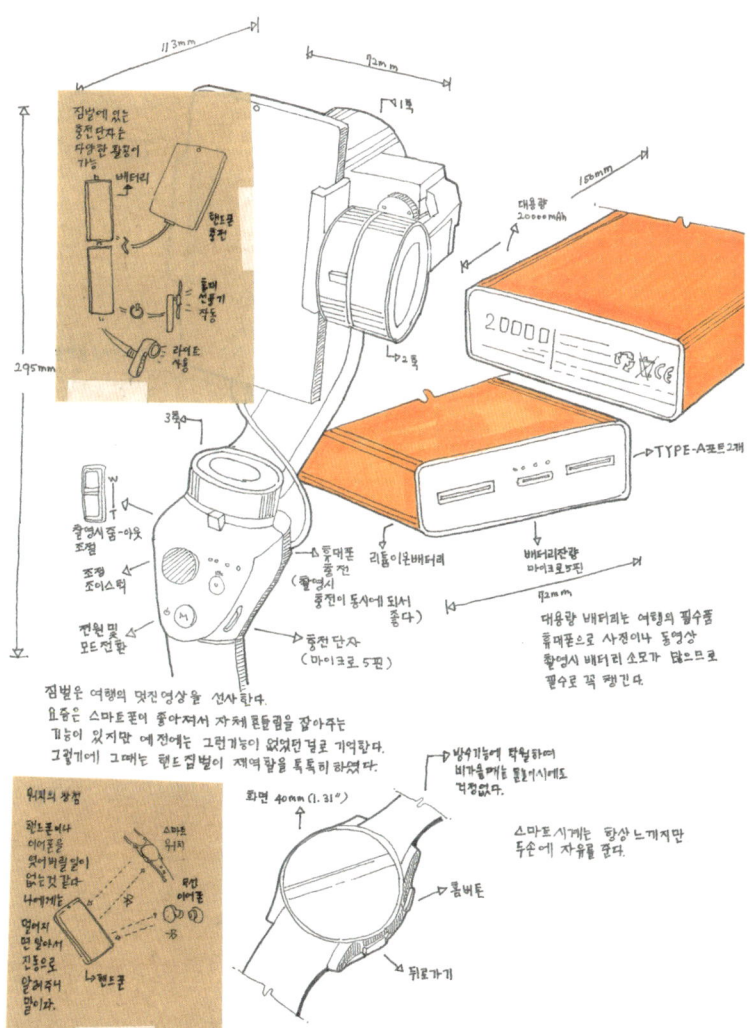

113mm
92mm
165mm
295mm
92mm

짐벌에 있는 충전 단자는 다양한 활용이 가능
배터리
핸드폰 충전
틈바 선풍기 작동
라이트 작동

1톡
2톡
3톡

대용량 20000mAh
2 0 0 0 0
▷ TYPE-A포트2개

촬영시 틈-아웃 포접
조행 조이스틱
전원및 모드전환
충전 단자 (마이크로 5핀)

스마트폰 충전 (촬영시 충전이 동시에 되서 좋다)
리튬이온배터리
배터리잔량 마이크로닷진

짐벌은 여행의 멋진 영상을 선사한다.
요즘은 스마트폰이 좋아져서 자체 흔들림을 잡아주는
기능이 있지만 예전에는 그런기능이 없었던걸로 기억한다.
그렇기에 그때는 핸드짐벌이 제역할을 톡톡히 하였다.

대용량 배터리는 여행의 필수품
틈매폰으로 사진이나 동영상
촬영시 배터리 소모가 많으므로
필수로 꼭 챙긴다.

위쳐의 장점
핸드폰보다
이어폰을
잃어버릴 일이
없는 것 같다
나에게는
멀어져
먼 있어서
진동으로
알려주니
말이자.

스마트 위쳐
무선 이어폰

화면 40mm (1.31")
방수기능에 탁월하여 비가올때도 물놀이시에도 걱정없다.

스마트시계는 항상 느끼지만
두손에 자유를 준다.

홈버튼
뒤로가기

여행을 준비하며…

    나는 여행이든 출장이든 워낙 단순한 편이라 뭔가를 계획적으로 준비하는 편이 아니라서, 우선 생각나는 모든 물건을 전부 꺼내 보고 보면서 결정하는 편이다. 방바닥에 옷부터 전자기기, 가방, 세면용품 등 온갖 물건들을 시장 바닥처럼 널브러뜨려 놓는다.

    잠깐! 여기서 독자분들에게 전하고 싶은 이야기가 있으니.

    일본에 대한 정확한 정보를 드리고 싶지만, 저는 여행 전문가가 아니기 때문에, 일본 여행 관련 전문지식이 필요하신 분들은 서점에 가면, 많은 일본 여행 전문서적이 있으니 정확한 정보를 원하시는 독자분들께서는 그런 서적을 추천드립니다.

이 책은 일본 여행을 하면서, 제가 보고 느낀 것들을 작성한 것이니 약간의 참고사항으로 아니면 그냥 재미있게 읽어 주시기 바랍니다.

예전부터 여행을 가면 꼭 수첩과 펜을 잊지 않고 가지고 다니는 타입이었다. 뭔가 글로도 남기고 싶지만, 그림 일기처럼 쓰는 게 너무 재미있어서 그랬을 것이다.

짐 꾸리기는 개인의 성향에 맞게 이루어지고 있었다. 그렇기에 나의 짐들은 겉옷 두 장, 속옷 두 장, 여권, 충전기 그리고 수첩과 펜이 전부였다. 하지만 나와는 다른 아내와 아이들은 이사라도 갈 기세로 짐을 준비하기 시작하였고, 그 짐들을 감당하기 위해서는 빅 캐리어가 등장해야만 했다. 그렇게 오랜만에 마주하는 주황 컬러의 어떤 짐에도 물건들을 안전하게 보호해 줄 것만 같은 전설의 캐리어를 찾기 위해 창고로 향하였다.

창고에 쌓아 두었던 무수한 짐들 사이에서 오랜만에 주황 컬러 빅 캐리어를 꺼내었다. 예전에 캐리어를 새로 구매할 일이 있어서, 마트에 들렀을 때, 캐리어는 짐을 찾을 때 눈에 잘 띄는 컬러로 사야 된다는 어느 여행 박사님의 추천이 있어서 주황 컬러로 구입하였다. 헌데 진

짜로 짐을 찾을 때 원형 컨베이어 벨트를 보고 있으면 정말로 눈에 잘 띄는 장점이 있으니, 이점은 여러분께 추전 드리는 바이다.

수첩에 펜으로 끄적끄적

< 빅케리어 >

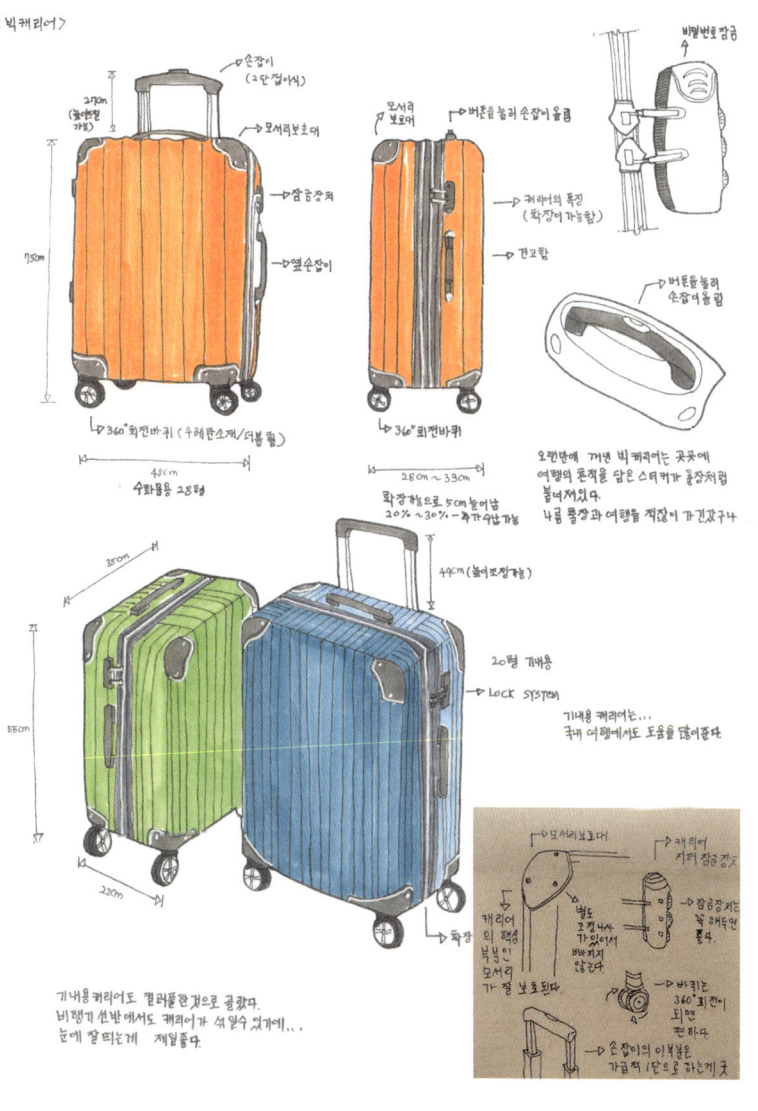

손잡이
(3단 접이식)

270cm
(늘어형가능)

모서리보호대

잠금장치

옆손잡이

750cm

360° 회전바퀴 (우레탄소재/더블휠)

수화물용 28형

490cm

모서리
보호대

버튼을 눌러 손잡이 올림

캐리어의 특징
(확장이 가능함)

견고함

360° 회전바퀴

280cm~33cm

확장기능으로 5cm 늘어남
20%~30% - 확장사용 가능

비밀번호 잠금

버튼을 눌러
손잡이 올림

오른쪽에 그려낸 빅캐리어는 곳곳에
여행의 흔적을 담은 스티커가 훈장처럼
붙여져있다.
4개의 튼튼한 바퀴와 여행의 짐작이 가건

350cm

44cm (늘어조정가능)

20형 기내용

LOCK SYSTEM

기내용 캐리어는...
국내 여행에서도 도움을 덮어준다.

550cm

230cm

확장

기내용 캐리어도 컬러풀한걸로 골랐다.
비행기 선반에서도 캐리어가 섞일수 있게에...
눈에 잘띄는게 재일좋다.

모서리보호더

캐리어
자리 잠금 장치

별도
2컵 나사
가 있어서
빠지게
않음

잠금장치는
꼭 해독해
돌다.

캐리어
의 핸들
부분과
모서리
가 잘 보호된다

손잡이의 이부분을
가급적 1단으로 하는게 굿

바퀴는
360° 회전이
되면
편하다.

빅 캐리어를 꺼내 보니 오랫동안 여행을 가지 않아서 그런지, 먼지가 가득하였다. 물티슈로 먼지를 꼼꼼히 제거하고 보니 예전에 짐을 부칠 때 붙여진 스티커들이 이곳저곳에서 정체를 드러 내었다.

그리고 보니 나도 적잖이 출장을 가긴 했구나 하는 생각에 잠시 젖어 있을 때 내 귓가에 들리는 중저음의 목소리, "쉬지 마라." 아내의 한마디에 다시 정신을 온전히 잡고 짐을 싸기 시작하였다.

내 짐으로 선택받은 물건들이 뭐가 있으려나, 구석구석 찾으면서 여행에 필요한 물품들을 챙기기 시작하였다.

우선 핸드짐벌, 충전기, 선풍기, 보조배터리, 책 한두 권, 여권, 슬리퍼 마스크… 등등. 등대 대나무 무지개 개나리 리어카 카세트…. 언제나 재미있는 끝말잇기.

어딘가로 여행을 간다는 건 기분 좋은 일이다. 교과서에
서 잠깐 마주치는 참고 사진이라고 해야 할까?

< 쏘렌토 >

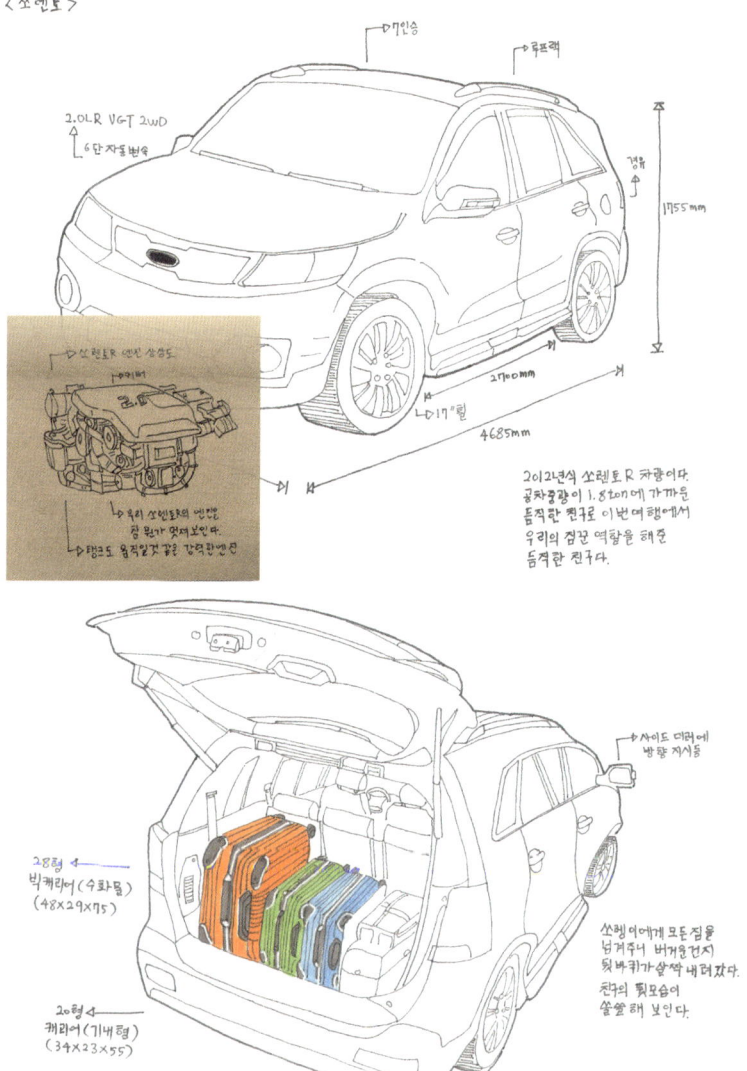

ㄷ7인승

ㅇ루프랙

2.0LR VGT 2WD
ㄴ6단 자동변속

경유

1755mm

ㄴ17˝릴

ㄴD17˝릴

1700mm

4685mm

ㅇ쏘렌토R 엔진 상상도

ㄴ우리 쏘렌토의 엔진.
참 원가 멋져 보인다.

ㄴ램25 울직일것 같은 강력한 엔진!!

2012년식 쏘렌토 R 차량이다.
공차중량이 1.820ton에 가까운
듬직한 친구로 이번 여행에서
우리의 점꾼 역할을 해준
듬직한 친구다.

ㄴ사이드 미러에
방향 지시등

28형 ◁
빅캐리어 (4화물)
(48×29×75)

20형 ◁
캐리어 (기내형)
(34×23×55)

쏘렌토에게 모든 짐을
넘겨주어 버거운건지
뒷바퀴가 살짝 내려갔다.
친구의 뒷모습이
쓸쓸해 보인다.

쏘렝이에 짐을 싣다

어느덧 기다리고, 기다리던 여행 당일이 되었다. 우리를 일본으로 데려다줄 비행기는 출발 일정이 일찍 잡혀서, 되도록 출발시간에 늦지 않게 가기 위해, 일찍 출발할 채비를 시작하였다. 여기에는 우리 여행의 동반자이자 어디로든 우리를 데려가 주는 일명 쏘렝이라고 부르는 친구가 함께 해 주었다. 이번 해외여행에서는 함께하지 못하지만, 우리와 무거운 짐을 공항까지 안전하게 이동시켜 줄 친구에게 아침 인사를 하고, 가지고 나온 짐들을 테트리스 게임처럼 짐칸에 넣기 시작하였다. 참고로 쏘렝이는 7인승 SUV 차량이라 왠만한 짐들은 실을 수 있는 넓은 적재 공간을 가지고 있으며, 짐을 짐칸에 실어도 앉을 수 있는 넓은 공간을 제공하기에 우리에게는 덧없이 멋진 친구이다.

　짐을 가득 실은 우리의 쏘렝이는 새벽의 고요함을 깨우는 우렁찬 엔진소리와 함께 아파트 입구를 빠져나가고 있었다.

어른이란? 때때로 울고 싶어도, 참아야 사람.

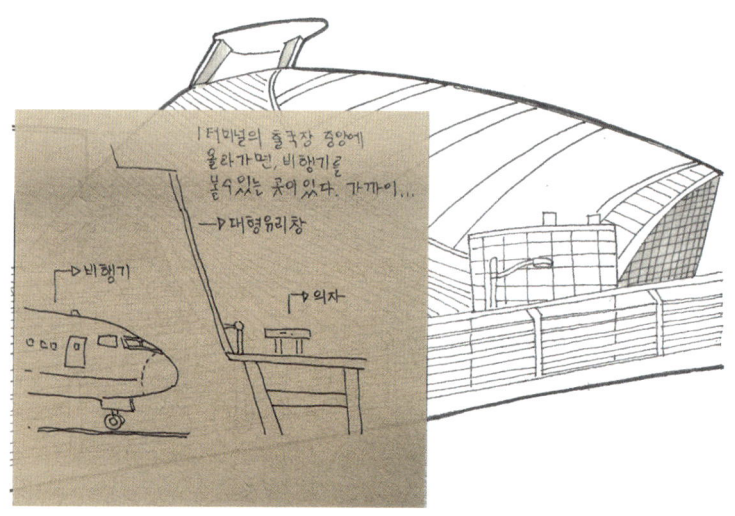

인천공항>

1터미널의 출국장 중앙에
올라가면, 비행기를
볼수있는 곳이 있다. 가까이...

—▷대형유리창

▷비행기

▷의자

인천공항으로 가는길은 언제나 설렘과 웃음을 선물한다.
그것이 꼭 여행이 아니어도, 비행기를 좋아하는 나로써는
가끔 공항철도를 타고, 인천공항 1터미널 2층에 마련된 비행기를
볼수 있는 곳을 찾아서 몇시간이고 혼자앉아서 창밖을 보고있으면
여행에서만 느껴지던 설렘이 몰려오곤 한다.

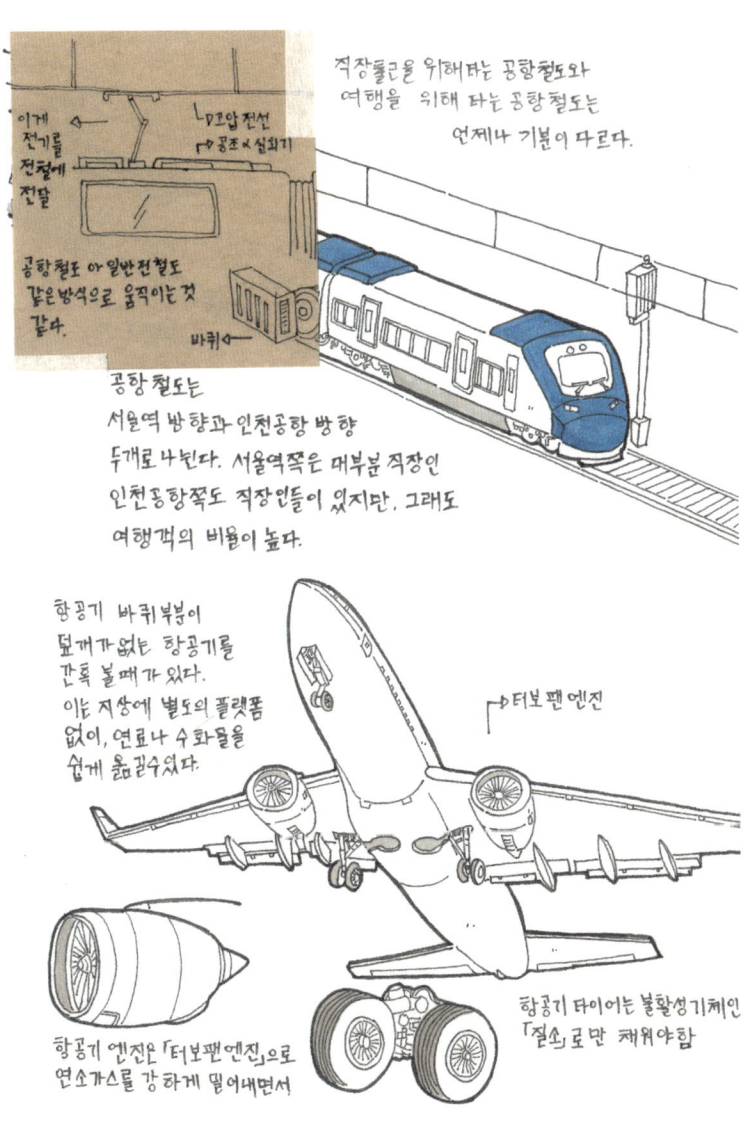

이게
전기를
전철에
전달

└ 고압 전선
└ 공조 × 실외기

공항철도 아 일반 전철도
같은 방식으로 움직이는 것
같다.

바퀴 ←

직장출근을 위해 타는 공항철도와
여행을 위해 타는 공항철도는
언제나 기분이 다르다.

공항 철도는
서울역 방향과 인천공항 방향
두개로 나뉜다. 서울역쪽은 대부분 직장인
인천공항쪽도 직장인들이 있지만, 그래도
여행객의 비율이 높다.

항공기 바퀴부분이
덮개가 없는 항공기를
간혹 볼때가 있다.
이는 지상에 별도의 플랫폼
없이, 연료나 수화물을
쉽게 옮길수 있다.

└ 터보 팬 엔진

항공기 엔진은 「터보팬엔진」으로
연소가스를 강 하게 밀어내면서

항공기 타이어는 불활성기체인
「질소」로만 채워야함

〈인천공항 키오스크〉

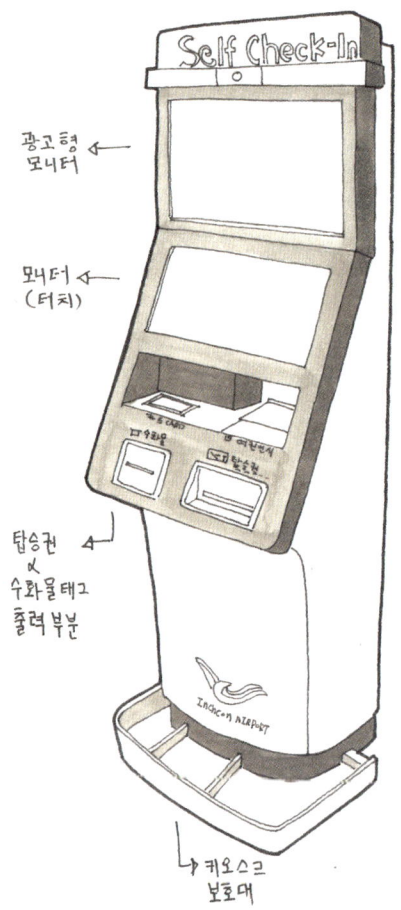

← 셀프 체크인 키오스크

Self Check-In

광고형
모니터 ←

모니터 ←
(터치)

탑승권
&
수화물태그
출력부분

← 키오스크
보호대

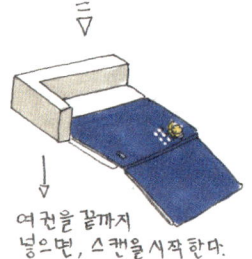

→ 여권 (신여권)

⇒

여권을 끝까지
넣으면, 스캔을 시작한다.

요즘에는 기술이 좋아져서
예전처럼 줄을 서서 체크인과
수화물을 붙이지 않아도.
셀프로도 가능하며, 혼자 알아서
해도되니. 공항에서 허비하는
시간을 줄일수 있다.

헌데 가끔 예전처럼 줄서서
친구들과 아니면 가족들과
수다로 시간을 보내는 것도 나름
재미있었다.

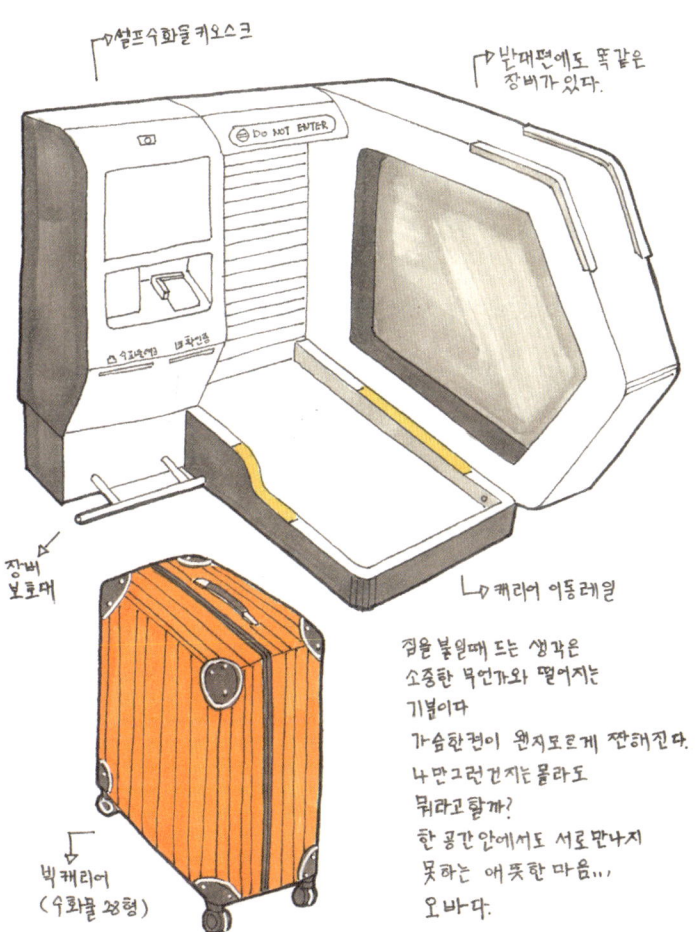

┌→ 셀프수화물키오스크

┌→ 반대편에도 똑같은
장비가 있다.

⊖ DO NOT ENTER

┌→ 장비
보호대

└→ 캐리어 이동레일

빅캐리어
(수화물 28형)

짐을 붙일때 드는 생각은
소중한 무언가와 떨어지는
기분이다
가슴한켠이 왠지모르게 찐해진다.
나만그런건지는 몰라도
뭐라고할까?
한 공간 안에서도 서로 만나지
못하는 애틋한 마음,,,
오바다.

인천공항으로 이동하다

공항으로 이동하는 시간은 여행지에서 여행을 즐기는 것보다 더 설렘이 가득하다. 창밖으로 보이는 자동차들과 시원한 바람, 맑은 구름 파란 하늘….

이쯤 되면 거진 여행의 반을 차에서 시작했다고 해도 과언이 아닐 것이다.

새벽이라서 그런지 많은 차량이 보이지는 않았지만, 우리와 함께 고속도로를 달려 주는 공항철도와 마주치니 이 어찌 반가운 만남인가? 공항철도는 우리를 앞서 공항으로 한층 빠르게 달려가고, 그 뒤를 안정속도를 잘 지키면서 우리도 이동하였다.

공항에 거진 가까워지니 해외로 향하는 국적기와 외항기들의 엔진소리가 점점 크게 들려오고 있었다.

7월 중순이면 한창 여행 시즌이다 보니 공항주차장도 거진 만석에 가까운 상황인지라, 주차 자리를 찾아서 주차장을 두 바퀴는 해맸던 것 같다. 겨우 찾아 낸 주차 공간에 차량을 주차함과 동시에 우리는 짐을 챙겨 들고, 공항안으로 질주하듯 달려가기 시작하였는데, 이유인 즉 비행기 시간이 촉박하여 어쩔 수 없이, 정신없이 이동하였던 것이다.

요즘 공항을 보면, 이용객이 직원과의 대면 없이 편하게 이용할 수 있는 셀프 장비들이 많은데, 예전과 비교해 요즘은 공항 시스템이 좋아졌다는 생각이 든다.

티켓 발권은 전자티켓으로 간편히 진행할 수 있으며, 출국장으로 올라가면 출입국 심사를 하기 위해 이동하는 길목을 중심으로 양쪽에 5개 정도의 티켓 키오스크가 준비되어 있고, 여기에 본인의 항공사를 클릭하여 여권을 스캔하면 티켓 발권을 할 수 있게 된다. 여기서 팁 하나는 내가 원하는 좌석을 지정할 수 있는데, 이것도 눈치싸움이라 일찍 공항에 도착하여, 먼저 티켓 발권을 진행하면 아주 잘하면 원하는 자리에 앉을 확률이 높다는 점 알아 두기 바란다.

전자티켓은 온전히 티켓만 발권해 주는 장비이므로, 가지고 온 짐이 기내에 실을 수 없는 크기라면 항공사가 있는 곳에 가서, 내가 직접 수화물을 부칠 수 있는 셀프 수화물이나 직원이 직접 짐을 부쳐 주는 서비스가 있으니, 둘 중 하나를 선택하여 수화물을 부치면 된다.

나는 워낙 신기한 물건이 있으면, 한 번은 도전을 해 봐야 하는 버릇이 있어서 셀프 수화물 키오스크가 뭔가 어려워 보였지만, 워낙 설명이 잘 되어 있어서 어렵지 않게 수화물을 부칠 수 있었다.

수첩에 펜으로 끄적끄적

비가 많이 오는 날이었다. 집에 오는데 어린 친구가 우산 없이 비를 잔뜩 맞으면서 가고 있었다. 우산을 건네주었다. 어린 친구가 고맙다며, 꾸벅 인사하고 달려갔다.

오랜만에 맞아 보는 비에 즐거운 차가움이 밀려왔다.

: 인천공항 비행기 탑승전>

HOT 아메리카노

비행기를 기다리며, 마시는 커피한잔은
약간 긴장을 풀어주는 효과가 좀있는것 같다.

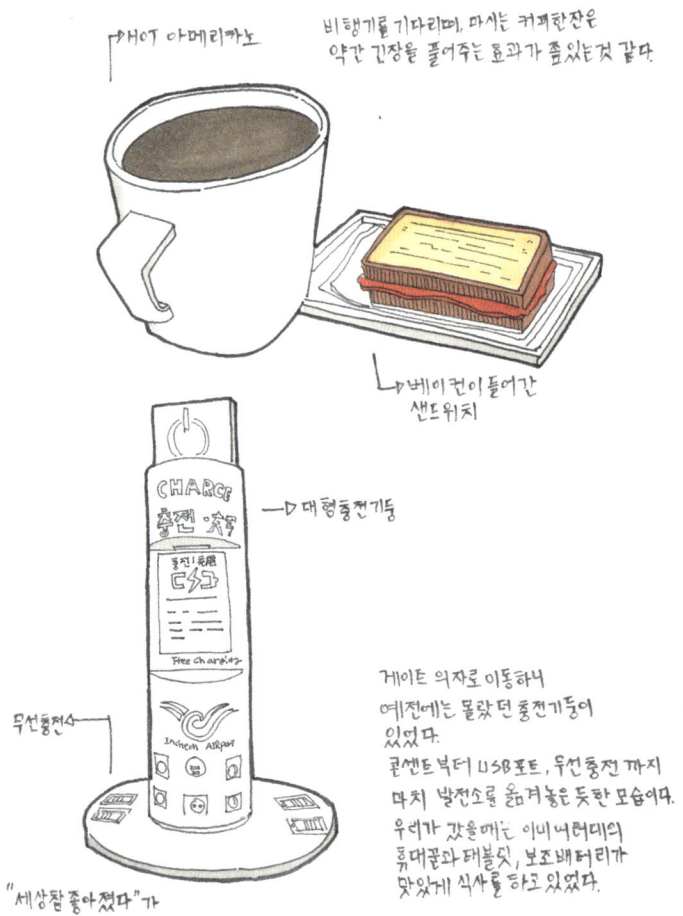

베이컨이 들어간
샌드위치

CHARGE
충전 야호

대형충전기둥

충전 / 充電

Free Charging

Incheon Airport

무선충전

게이트 의자로 이동하니
예전에는 몰랐던 충전기들이
있었다.
콘센트 부터 USB포트, 무선충전 까지
마치 발전소를 옮겨놓은 듯한 모습이다.
우리가 갔을때는 이미 너러대의
휴대폰과 태블릿, 보조배터리가
맛있게 식사를 하고 있었다.

"세상참 좋아졌다"가
연신 입 밖으로 외출을 하였다.

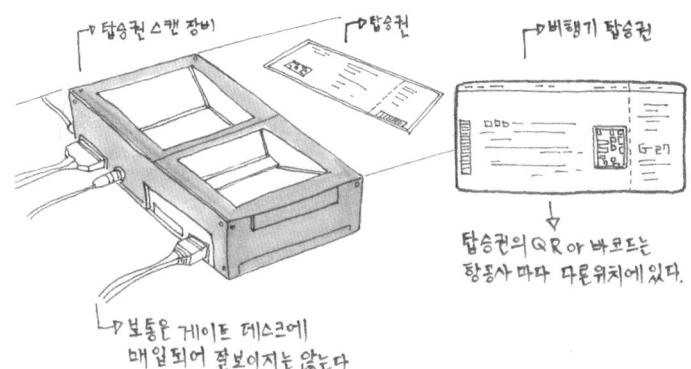

⌐▷ 탑승권 스캔 장비   ⌐▷ 탑승권   ⌐▷ 비행기 탑승권

□□□   G-27

탑승권의 QR 아 바코드는
항공사 마다 다른위치에 있다.

⌐▷ 보통은 게이트 데스크에
   매입되어 잘보여지는 않는다.

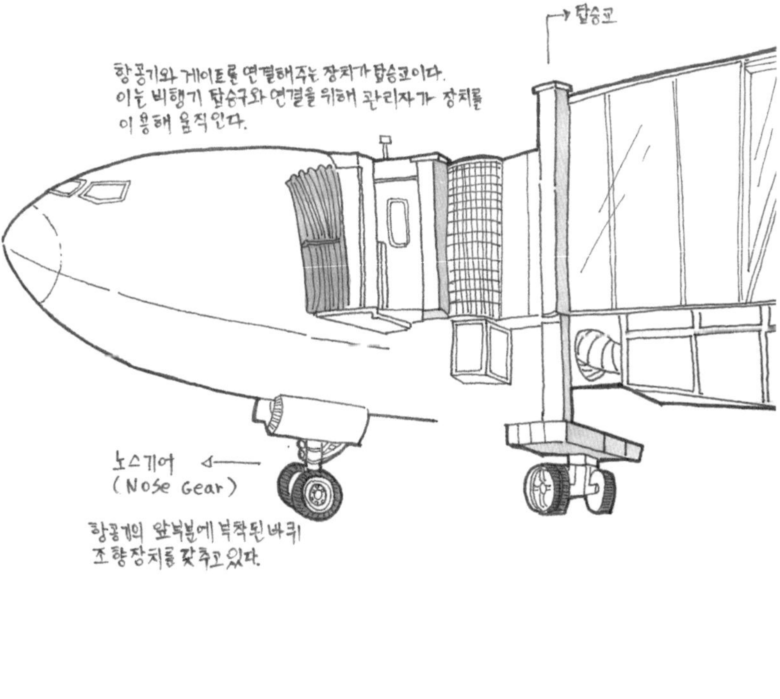

⌐▷ 탑승교

항공기와 게이트를 연결해주는 장치가 탑승교이다.
이는 비행기 탑승구와 연결을 위해 관리자가 장치를
이 용해 움직인다.

노스기어 ◁───
(Nose Gear)

항공기의 앞부분에 부착된 바퀴
조향장치를 갖추고있다.

비행기로 가기 위한 여정

　해외여행을 한 번쯤 가 보신 분들이라면 알다시피, 우리나라 출입국심사는 최첨단 보안장비로 구성되어 있고, 여러 단계를 거쳐야 된다. 우선 여권과 티켓 그리고 당사자 얼굴을 확인하는 삼자확인 절차, 짐을 검사하는 초정밀 X-ray 검사와 2중으로 진행되는 신체검사, 마지막으로 여권과 당사자의 얼굴을 첨단장비로 스캔하는 검사를 한다. 이처럼 우리나라는 정밀한 보안장비들로 출국하는 사람들을 한 명씩 꼼꼼하게 검사하니, 불순한 생각을 가지고 있다면, 처음부터 그런 생각은 버리기 바란다. 이렇게 우리나라의 보안검사를 무사히 통과한 우리는 출입국장을 지나 공항의 여러 면세점으로 아이쇼핑을 즐기러 이동하였다. 가진 금액은 한정적이라 여기서 소비할 돈

　　　　　　　　수첩에 펜으로 끄적끄적

은 없지만 그래도 구경만으로 재미있는 시간이다. 잠깐의 아이쇼핑을 마치고, 게이트로 이동하다 보면, 바쁘게 청소하시는 아주머니, 멋지게 조종사 옷을 입고 이동하시는 운항 승무원과 객실 승무원분들, 나름 멋지게 옷을 입으신 여행객분들과 마주친다. 보기만해도 여행이 실감이 나는 순간이다. 그러고 보니 아침부터 비행기 시간을 놓치지 않기 위해 바삐 움직인 우리를 위하여 간단한 음식이라도 먹어야 되지 않을까? 게이트와 가까운 곳에 위치한 커피숍에서 간단한 토스트와 커피로 허기진 배를 잠시 진정시키면서, 앞으로 여정에 대해 잠깐의 이야기로 기다림의 지루함을 달랬다.

사람들은 가끔 너무 힘들 때 무언가를 내려놓으려 한다. 그것이 물건이든 생각이든 아니면 삶이든, 그럴 때는 아무 생각 말고 그냥 발로 차 버려라. 하늘 높이 올라가게. 그러면 자기들끼리 알아서 잘 간다.

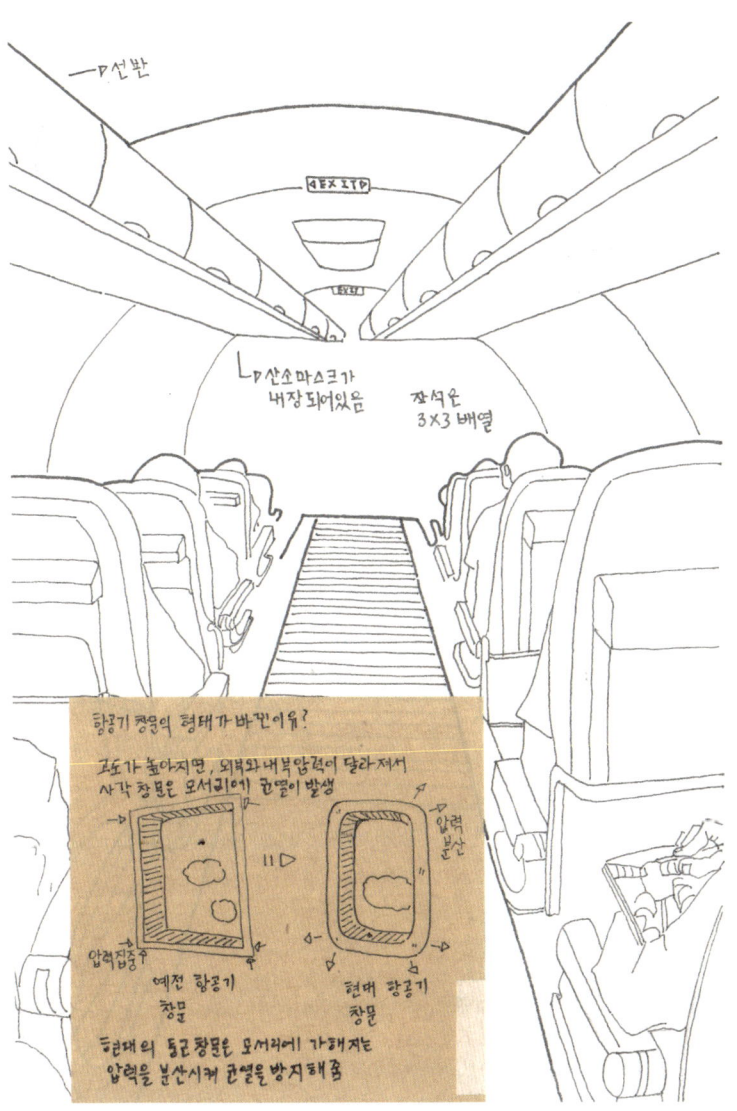

선반

↳ 산소마스크가
　내장되어있음

좌석은
3×3 배열

항공기 창문의 형태가 바뀐이유?

고도가 높아지면, 외벽과 내벽압력이 달라져서
사각 창문은 모서리에 균열이 발생

압력분산

‖▷

압력집중

예전 항공기
창문

현대 항공기
창문

현대의 둥근 창문은 모서리에 가해지는
압력을 분산시켜 균열을 방지해줌

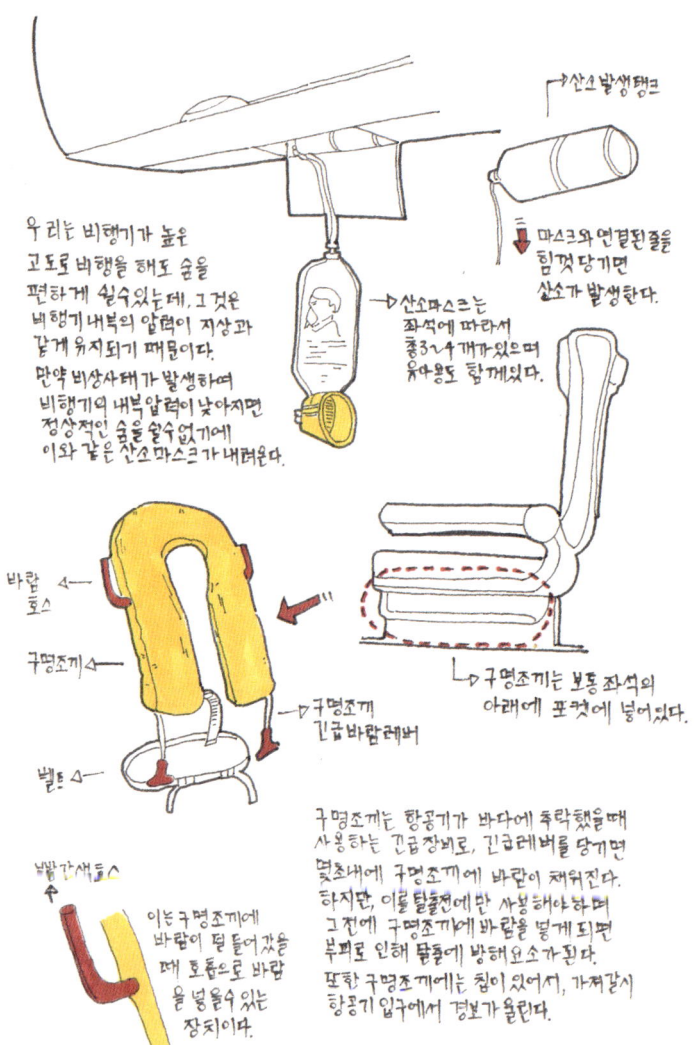

산소 발생탱크

우리는 비행기가 높은
고도로 비행을 해도 숨을
편하게 쉴수 있는데, 그것은
비행기 내부의 압력이 지상과
같게 유지되기 때문이다.
만약 비상사태가 발생하여
비행기의 내부압력이 낮아지면
정상적인 숨을 쉴수 없기에
이와 같은 산소마스크가 내려온다.

마스크와 연결된 줄을
힘껏 당기면
산소가 발생한다.

산소마스크는
좌석에 따라서
좋3~4개가 있으며
유아용도 함께 있다.

바람
호스

구명조끼

벨트

구명조끼
긴급 바람레버

구명조끼는 보통 좌석의
아래에 포켓에 넣어있다.

빨간색호스

이는 구명조끼에
바람이 덜 들어 갔을
때 호흡으로 바람
을 넣을수 있는
장치이다.

구명조끼는 항공기가 바다에 추락했을때
사용하는 긴급장비로, 긴급레버를 당기면
몇초내에 구명조끼에 바람이 채워진다.
하지만, 이를 탈출전에만 사용해야 하며
그 전에 구명조끼에 바람을 넣게 되면
부피로 인해 물들에 방해요소가 된다.
또한 구명조끼에는 침이 있어서, 가까질시
항공기 입구에서 경보가 울린다.

비행기에 탑승하다

　일본 오사카로 향하는 비행기의 출발시간이 다가오고, 곧이어 긴 기다림의 끝에 비행기의 탑승이 시작되었다. 설레는 마음으로 사람들이 줄 서 있는 게이트로 향하고 승무원의 여권과 티켓검사가 1차 진행되고, 탑승 전에 티켓을 전자 스캐너에 스캔하는 순서를 끝으로 우리는 비행기 탑승을 위해 설치된 탑승교를 걸어갔다. 탑승교 사이로 들어오는 아침 햇살이 오늘따라 더 멋져 보인다. 비행기 입구에서 "안전 비행을 부탁합니다." 짤막한 인사와 함께, 승무원이 안내해 준 방향으로 이동하여, 지정 좌석에 앉았다. 바삐 움직인 터라 숨도 돌릴 겸, 비행기 안을 천천히 둘러보았다. 상단에 놓인 짐칸에 짐을 힘겹게 싣고 있는 승객부터, 좌석을 찾아 이리저리 시선을

좌우로 돌리며 이동하는 여행객까지, 하지만 하나같이
한가지의 공통점이 있었으니, 여행객들의 얼굴에 설렘의
모습이 한가득 보였다는 것이다. 이런 순간을 어찌 놓칠
수 있단 말인가, 나는 가방에서 수첩과 펜을 꺼내어, 비
행기 안의 풍경을 그려 본다.

수첩에 펜으로 끄적끄적

가끔 유명사이트 영상들을 보면, 다른 이들에게 인생에 대해 정의를 내려 주는 말들이 많다. "쉽게 생각해라, 그건 정답이 아니다, 뭐를 바꿔라" 등등… 음 그냥 그런 말 마음에 두지 말고, 뭐든 해 보고, 그리고 뭐든 돼라.

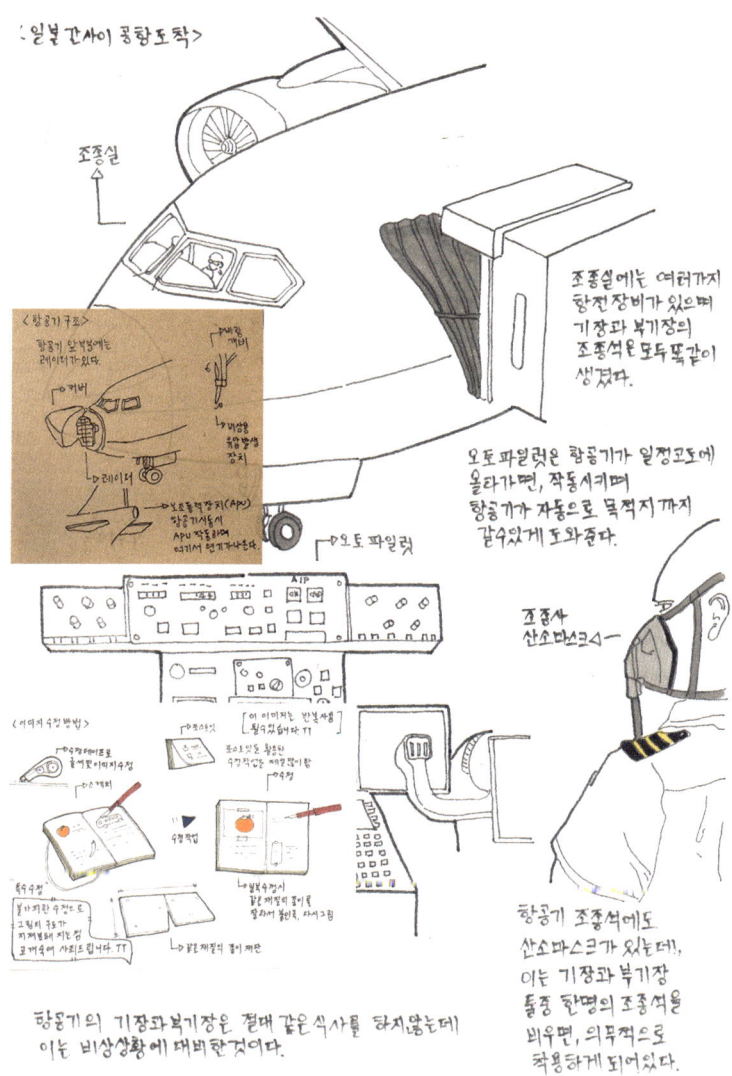

: 일본 간사이 공항도착>

조종실

<항공기구조>
항공기 앞부분에는 레이더가 있다.

커버

레이더

오토조작장치(APU)
항공기들시
APU 작동하며
여기서 뜯겨가는다

오토 파일럿

조종실에는 여러가지 항전장비가 있으며 기장과 부기장의 조종석은 모두 똑같이 생겼다.

오토 파일럿은 항공기가 일정고도에 올라가면, 작동시키며 항공기가 자동으로 목적지까지 갈수있게 도와준다.

조종사
산소마스크

AIP

<이미지 수집 방법>
투명한 수집지로 옮기면 이미지수집

수정액

포스트잇을 활용한 수정작업도 재미있다

수정펜

수정책갈피

특수수정
볼펜심이 수정으로 그려서 ㅋㅋㅋ
지저분해서 지운점 모아두어 사진으로 찍었습니다. ㅜㅜ

일본수첩의 같은 페이지 옮기를 옮겨서 붙인다. 자세그림

여러종류의 옮기 펜들

항공기 조종석에도 산소마스크가 있는데, 이는 기장과 부기장 둘중 한명의 조종석을 비우면, 의무적으로 착용하게 되어있다.

항공기의 기장과 부기장은 절대 같은 식사를 먹지않는데 이는 비상상황에 대비한것이다.

항공기는 착륙할때 계기착륙장치(Instrument Landing system)의
도움을 받아서 착륙하는데 이를 ILS 라고한다.
여기에는 로컬라이저(Localizer)과
글라이드 슬로프(Glideslope) 있다.

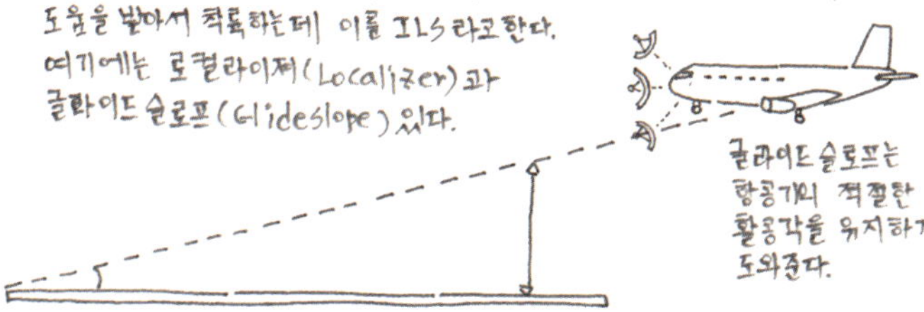

글라이드 슬로프는
항공기의 적절한
활공각을 유지하게
도와준다.

로컬라이저는 항공기가
활주로의 중심을 따라오도록
도와준다.

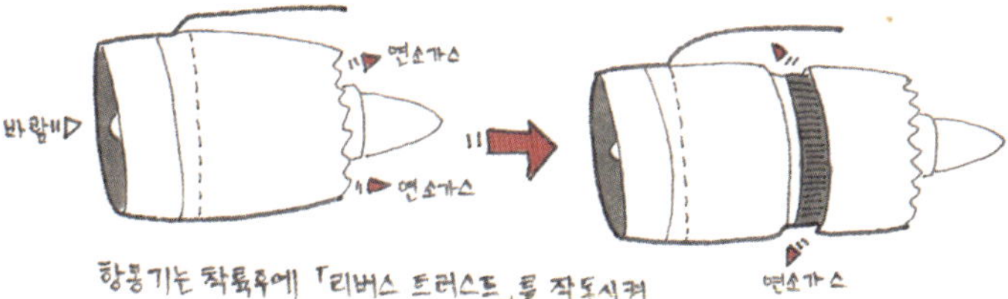

연소가스

바람↦

연소가스

항공기는 착륙후에 「리버스 트러스트」를 작동시켜
엔진 연소가스를 반대방향으로 나오게해 역추진을 만든다.
항공기의 속도를 최대한 빠르게 줄이는 장치이다.

연소가스

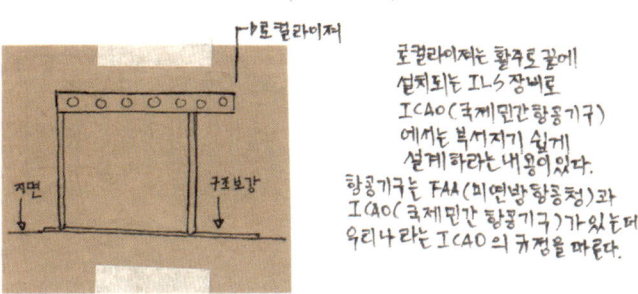

로컬라이저

지면

구조보강

로컬라이저는 활주로 끝에
설치되는 ILS 장비로
ICAO(국제민간항공기구)
에서는 부서지기 쉽게
설계하라는 내용이 있었다.
항공기구는 FAA(미연방항공청)과
ICAO(국제민간 항공기구)가 있는데
우리나라는 ICAO 의 규정을 따른다.

일본 간사이공항 도착

아침의 극기훈련 덕분이었을까? 출발 전 의자에 머리를 기대어 잠시 눈을 감고 휴식을 취하였다고 생각하고 있던 순간, 비행기는 어느덧 일본 간사이공항에 도착하고 있었고, 창밖으로 아래를 내려다보니 일본의 모습이 눈에 들어왔다. 그제서야 진짜 여행을 왔구나 실감이 들었다. 그 순간, 비행기의 약간 흔들림이 느껴졌다.

여기서 간단한 비행기 상식을 알려드리면, 비행기가 공항에 도착 전에 갑자기 흔들릴 때가 있는데, 간혹 공항근처의 난기류를 만나 그럴 수도 있지만 보통은 비행기의 "오토 파일럿"이 해제되면서 생기는 현상이다. "오토 파일럿의 해제"란 조종사가 공항의 착륙을 위해 수동 조작으로 "글라이더 슬로프(Glideslope)와 로컬라이져

(Localizer)"의 중심을 잡기 위해 집중을 하는 단계라고 보면 된다. 이는 매우 어려운 과정이기에 비행기는 착륙하기 전까지 흔들림이 계속되는 경우도 있다. 이 과정을 지나 비행기가 활주로에 착륙을 하게 되면, 엄청난 소음과 함께 몸이 갑자기 앞으로 쏠리게 되는데, 이는 운전하다 갑자기 급브레이크를 밟으면 몸이 앞으로 쏠리는 현상과도 같다.

이건 "Thrust Reverser(항공기 역추력장치)" 라는 조작으로 무거운 비행기를 활주로 내에서 급격하게 멈추기 위해 엔진을 역추진으로 만드는 것이다. 한때 조종사를 꿈꾸며 공부하던 것이 갑자기 생각나서 적어 본다. 이런 말 하는 내가 완전 멋있다~ 불편하셨다면 독자분들에게는 죄송.

인생이 항상 내가 마음먹은 대로, 움직여 주면 얼마나 좋을까? "그렇지 않기에 인생이 더 재미있는 것이다."라는 말은 정말 거짓말 같다. 내 마음과 다르게 인생이 안 움직이면, 정말 재미없다.

< 일본 간사이 공항 도착 >

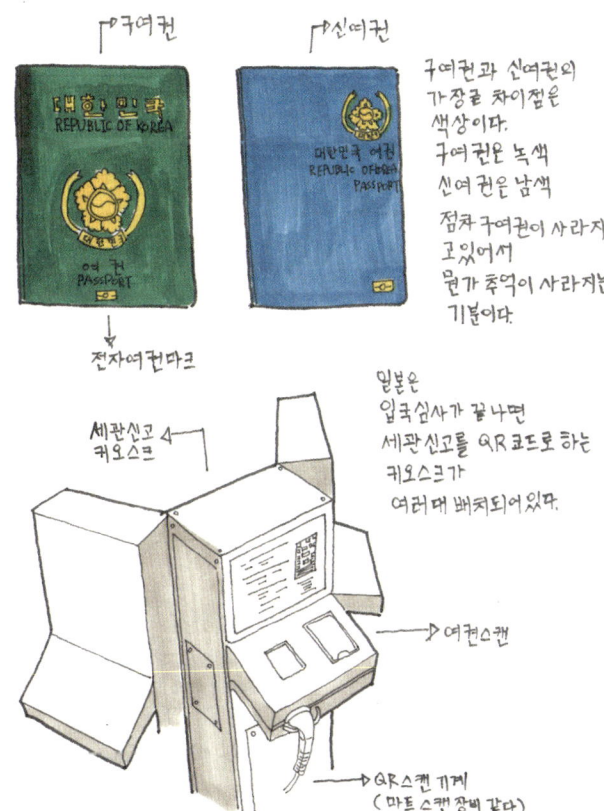

구여권

신여권

대한민국
REPUBLIC OF KOREA

여권
PASSPORT

대한민국 여권
REPUBLIC OF KOREA
PASSPORT

구여권과 신여권의
가장 큰 차이점은
색상이다.
구여권은 녹색
신여권은 남색

점차 구여권이 사라지
고 있어서
뭔가 추억이 사라지는
기분이다.

전자여권마크

세관신고
키오스크

일본은
입국심사가 끝나면
세관신고를 QR 코드로 하는
키오스크가
여러 대 배치되어 있다.

여권스캔

QR스캔 기계
(마트 스캔장비 같다)

일본의 세관신고 받는법은 종이와 전자가 있는데, 여행서에는
전자신고가 편해서. 탑국에서 미리 준비하면된다.
「Visit Japan Web」에서 등록절차에 따라 작성하면,
QR코드를 발급받으니, 이것을 휴대폰 사진첩에 넣어서 오면.
입국시 세관신고 키오스크에서 QR코드를 인식시켜 신고하면된다.

여행박사님의 조언대로
수화물 컨베이어 벨트에서
우리의 빅캐리어가 단연
눈에 띄었다.

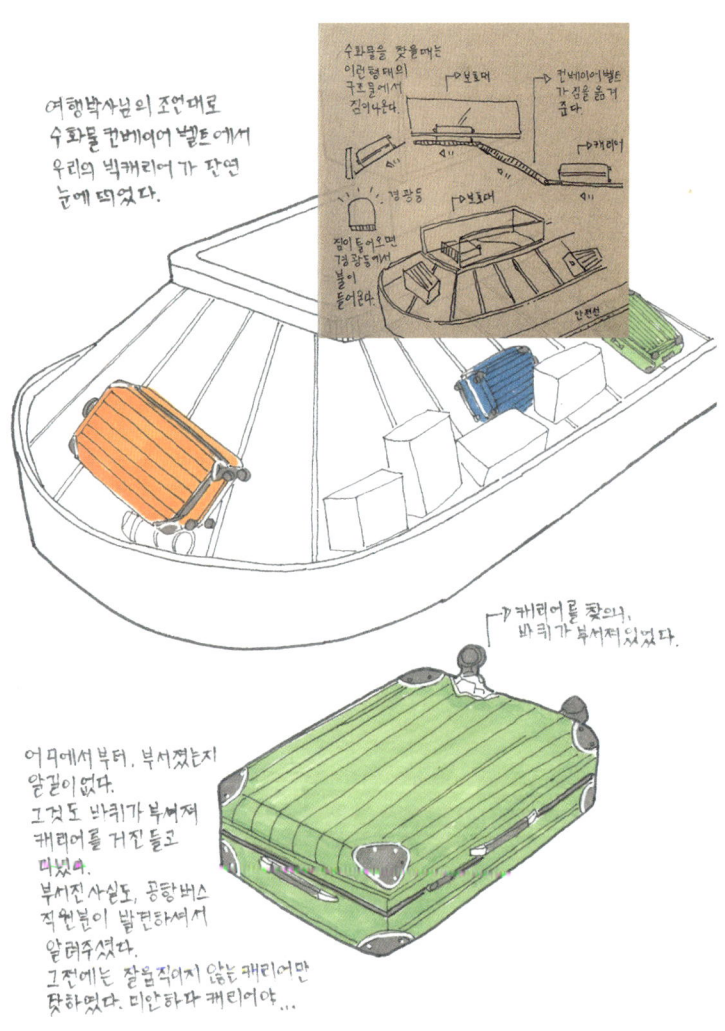

수화물을 찾을때는
이런형태의
구조틀에서
집어나온다.
보토머
컨베이어벨트
가 짐을 옮겨
준다.
캐리어
경광등
인버리어
짐이 들어오면
경광등에서
불이
들어온다.
안전선

캐리어를 찾았으나,
바퀴가 부서져 있었다.

어디에서 부터 부서졌는지
알길이 없다.
그것도 바퀴가 부서져
캐리어를 거진 들고
다녔다.
부서진 사실도, 공항버스
직원분이 발견하셔서
알려주셨다.
그전에는 잘 움직이지 않는 캐리어만
탓하였다. 미안하다 캐리어야...

< 일본 입국수속 >

일본의 입국심사에서 신기한건
지문을 채취? 한다는 것이다.
그것도 양쪽 둘씨에

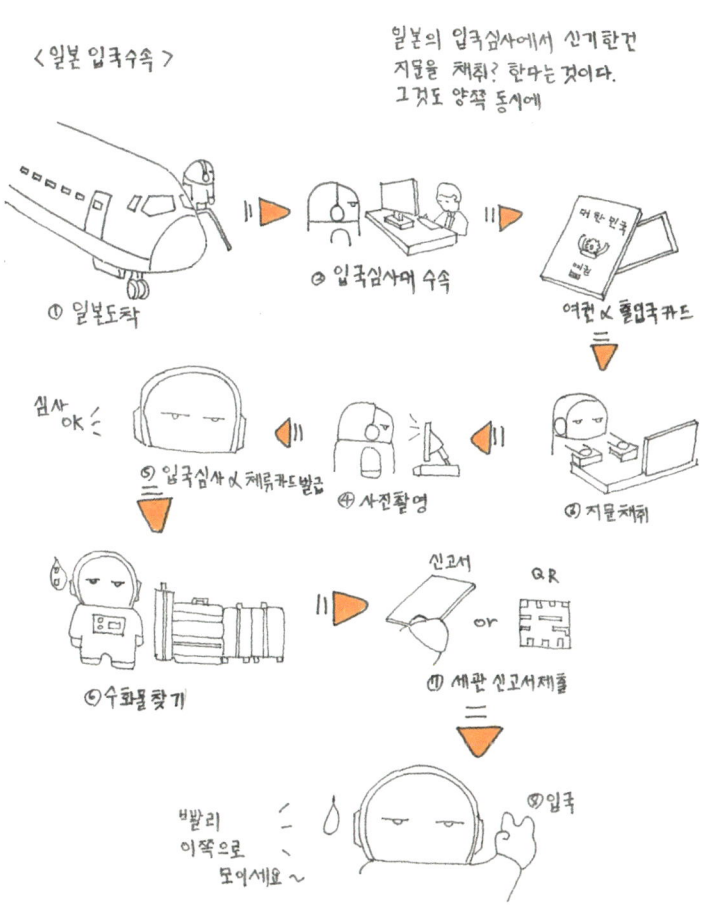

① 일본도착

② 입국심사에 수속

여권 & 출입국카드

심사 OK

③ 입국심사 & 체류카드발급

④ 사진촬영

⑤ 지문채취

⑥ 수화물찾기

신고서 or QR

⑦ 세관 신고서제출

빨리
이쪽으로
모이세요 ~

⑧ 입국

위 순서는 일본일정에 따라 변동

일본 입국심사

일본에 도착하면, 입국심사를 받기 위하여, 입국심사
대로 이동한다. 이 부분은 다른 나라도 똑같아서 뭔가 특
별한 거는 없었지만, 내가 입국심사를 받을 때, 내 여권
을 보고 심사관이 뭐라고 하시는데 못 알아들어서 계속
고개를 갸우뚱거리니 내 여권을 손가락으로 가리키며,
빈 페이지가 없다는 뉘앙스로 얘기하는 것처럼 보였다.
맞다~~ 지금은 신여권이 많지만 나는 구여권의 기간을
10년으로 했기에, 구여권(녹색)을 가지고 왔고, 거기에
는 출장으로 인해 많은 나라의 입국심사 도장들이 있어
서 아마 좀처럼 빈 페이지를 찾기가 어려웠을 것이다. 겨
우 빈 페이지를 찾아 건네드리니 스티커를 붙여 주시면
서 번역기로 "한국으로 돌아가면 여권을 교체하세요."라

수첩에 펜으로 끄적끄적

고 친절하게 알려 주셨다.

　아리가또고자이마스(ありがとうございます) 일본어
로 감사의 인사를 드렸다.

고전 철학자이자 문학가들의 명언은 언제나 우리에게 깊은 울림을 준다. 그건 그들이 시대의 처절함을 온몸으로 부딪치고 버티면서 살았기 때문에 그런 것이 아닐까?

< 공항버스 >

→ 일본 리무진버스

리무진버스 엔진
강력한 엔진인건 분명하다.

리무진 버스 종이 승차권

500円

아날로그
모습이
정겹다.

구조는
어려움

↳종이승차권은 오랜만이다.

여행객들이 도착하면,
공항 직원분들이 버스에
여행객의 짐을
실어주신다.

빅캐리어 →

큰캐리어는
직원 두분이
캐리어가
손상되지않게
조심히 실어주셨다.

좌석
옆에
USB 충전 포트가있다.

리무진버스의
적재공간은 크긴하다.

→ 공항버스 매표기계

→ 동전투입구

공항에서 나오면
나온곳을 기준으로 왼쪽편으로
가다보면, 사람들이 많이
줄서있고, 옆 벽면에
공항버스 매표기계가
있으니, 여기서 목적지에
맞는 표를 구매하면된다.

일본 공항

짐을 찾아 입국장을 빠져나오니, 뭔가 알 수 없지만, 신나는 이 마음은 무엇일까? 공항 내부의 공기를 맡았을 뿐인데 설렘의 가득함이 밀려오는 순간이다.

일본 공항에 도착하면, 입국심사를 통과 후에 세관신고를 거쳐, 짐을 찾고 공항 입국장으로 나오게 되는데, 여기서 간단한 꿀팁 하나를 얘기 하자면, 그건, 공항 내부에 짐을 본인이 숙박하는 호텔까지 부쳐 주는 서비스가 있다는 것이다. 비용은 생각보다 비싸지 않으니 꼭 이용하기 바란다.

짐을 부친 우리는 공항버스를 타기 위해 공항 밖으로 발걸음을 옮겼다.

하루에 나는 불만과 불평을 몇십 번부터 몇백 번은 하면서 사는 것 같다. 그게 뭔가가 나아지기를 바라서 그런 것이 아니라, 그냥 하는 것이다. 습관처럼.

<유니버설 스튜디오 재팬>

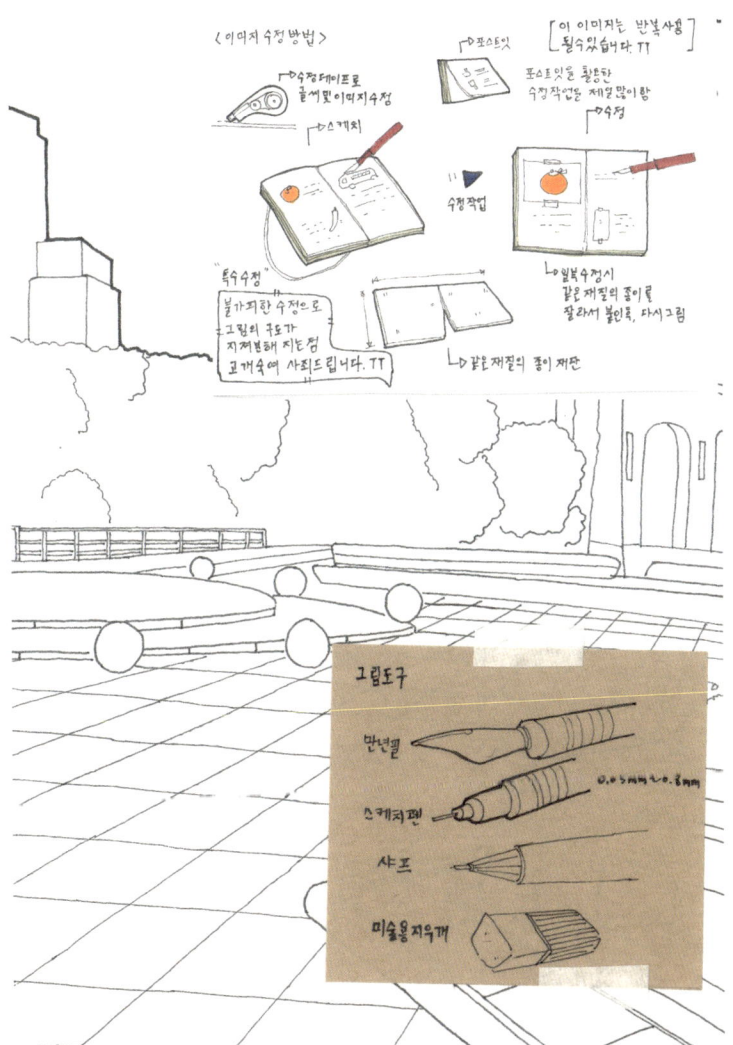

유니버셜 스튜디오를 가다

　우리 여행 계획의 첫번째 관광지로 정한 곳은 일본 버전의 유니버셜 스튜디오였다. 이곳으로 이동할 수 있는 방법이 두 가지가 있으니 하나는 공항 버스이고 다른 하나는 지하철이다. 하지만 우리는 복잡한 지하철 말고, 한번에 갈 수 있는 공항버스를 이용하기로 하고, 공항 내에 있는 카운터에 문의를 하니 친절하게 위치를 알려 주서서, 공항버스가 대기 중인 곳으로 이동할 수 있었다. 이미 공항버스를 타려는 여행객들로 만원이었지만, 그래도 편히 앉아서 가는 형태라 나름 마음에 들었다. 공항버스는 우리를 태우고, 공항을 벗어나 고속도로를 통과하여, 시내로 접어들었다. 헌데 이게 웬 하늘의 조화인가…. 이동하면서 조금 보이던 빗방울이 유니버셜 스튜디오에 거진 도착할 때쯤 폭포수 같은 소나기로 변하여 내리기 시작하였다. 우째 이런 일이…. 하지만 한다면 한다. 한국인의 의지를 꺾을 수 없기에 우리는 우비를 장착하고 쏟아지는 소나기를 뚫으며, 유니버셜 스튜디오 입구로 향하여 전자 티켓팅을 하고 안으로 들어갔다.

역시 사람들이 입을 모아 유니버셜 스튜디오의 매력을 애기했던 기억이 나는데 왜 그랬는지 알 것 같다. 어린이도 어른들도 꿈에서 본 듯한 그림 같은 풍경 슈퍼마리오를 비롯하여 해리포터, 토이스토리 등등 예쁘고 멋진 모습들과 귀여운 미니언즈까지 내 눈은 어디에 시선을 고정해야 할지 모를 혼란에 빠졌지만, 이에 정신을 차리고, 구경을 계속하였다. 맛있는 슈퍼마리오 빵부터 신기한 해리포터 마법 지팡이~~ 캐릭터와의 사진 한 컷. 아하, 여기서 비가 와서 좋았던 점이 하나 있었다. 마리오 월드 같은 경우는 날씨가 좋은 날에는 사람들이 많아서 줄을 오랜 시간 동안 서야 하는데, 비가 오니 구경하는 사람들이 별로 없었다. 요건 굿~~

여행의 묘미는 알고 있던 것을 보는 게 아니라, 모르고 마주친 것을 보는 것이다.

〈호그와트 성〉

일본 워니버설 스튜디오에 있는 해리포터공간은
멀리보이는 호그와트 성이 그 웅장함을 보여준다.
그 외에도 해리포터 관련 상품을 판매하는

상점과 킹스크로스역 9 3/4 승강장에서 출발하여
호그스미스 역까지 영화에서 운행하는
급행열차까지, 많은 볼거리를 제공한다.

< 해리포터 >

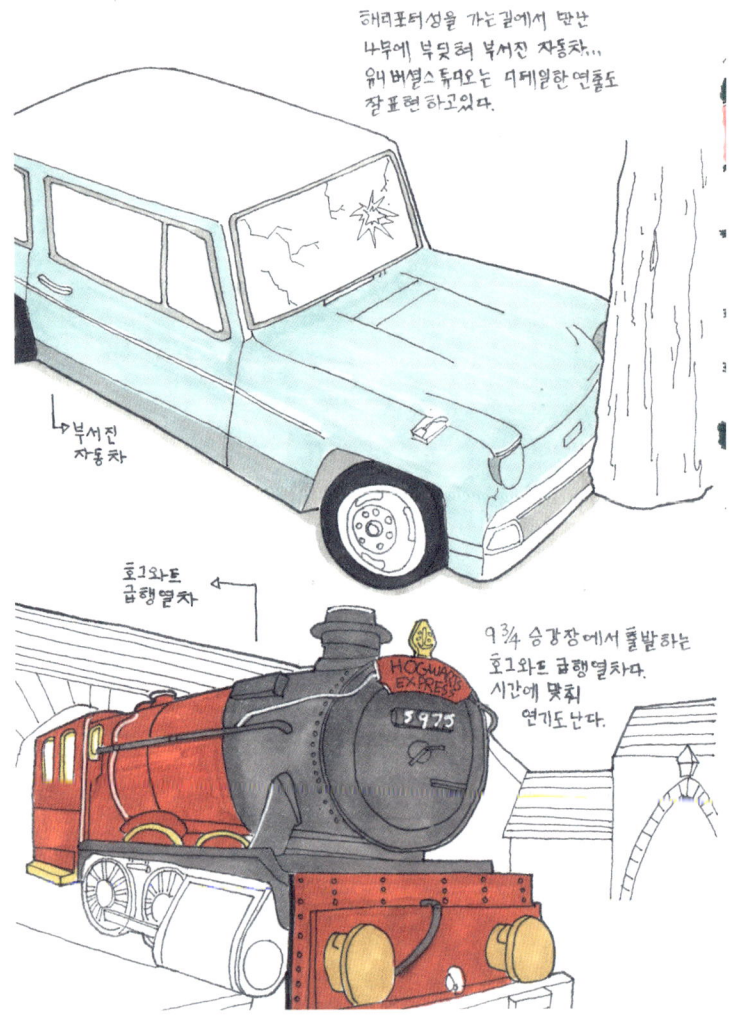

해리포터 성을 가는 길에서 만난
나무에 부딪혀 부서진 자동차...
유니버셜 스튜디오는 디테일한 연출도
잘 표현하고 있다.

← 부서진
　자동차

호그와트
급행열차 ←

HOGWARTS
EXPRESS
5.9.75

9¾ 승강장에서 출발하는
호그와트 급행열차.
시간에 맞춰
연기도 난다.

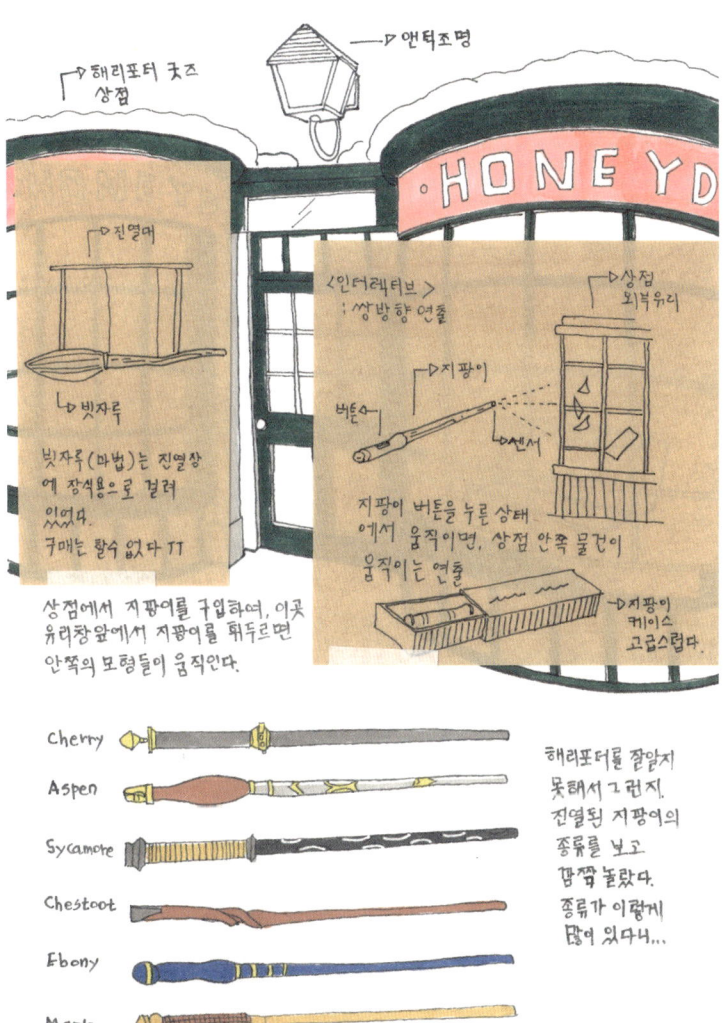

➡ 앤티크조명

➡ 해리포터 굿즈
　상점

◦HONEYD

➡ 진열대

⤷ 빗자루

빗자루(마법)는 진열상
에 장식용으로 걸려
있었다.
구매는 할수 없다 ㅜㅜ

상점에서 지팡이를 구입하여, 이곳
유리창 앞에서 지팡이를 휘두르면
안쪽의 모형들이 움직인다.

〈인터렉티브〉
: 쌍방향 연출

버튼⤵　　➡지팡이

⤷센서

➡상점
　외부유리

지팡이 버튼을 누른 상태
에서 움직이면, 상점 안쪽 물건이
움직이는 연출.

➡지팡이
　케이스
고급스럽다.

Cherry

Aspen

Sycamore

Chestoot

Ebony

Maple

해리포터를 잘알지
못해서 그런지
진열된 지팡이의
종류를 보고
깜짝 놀랐다.
종류가 이렇게
많이 있다니...

해리포터

　해리포터 존은 거대한 호그와트 성을 메인 상징조형물
로 전시하고 있고, 그 주변부로, 영화에서 본 듯한 마술
상점과 호그와트 급행열차 등의 다양한 조형물들로 연출
되어 있다. 그곳에서 여행객들이 가장 많이 찾는 곳이 해
리포터 지팡이를 판매하는 상점이었다.

　해리포터 상점은 크게 두가지로 나뉘어 있는데, 해리
포터 관련 굿즈와 다양한 형태의 물건을 판매하는 곳과
오로지 마법 지팡이만을 판매하는 곳이다. 헌데 영화에
서처럼 워낙 지팡이에 대한 임팩트가 강하여서 그런지
여행객이 몰리는 곳은 마법 지팡이를 판매하는 상점이었
다. 우리도 기념품으로 간직하기 위해, 상점에서 구입하
게 되었는데, 한 개가 우리나라 돈으로 5만 원 정도 되었

던 것 같다. 재미있는 비밀은 이 지팡이가 신기한 기능이 하나 있는데 그것은 영화에서 지팡이로 물건을 움직이는 장면이 있는데 이를 체험할 수 있게 만들어 놓았다는 것이다. 이를 전시 연출에서는 "인터렉티브 연출"이라 하는데, 선물가게를 나오면 상점 창문에 물건들이 진열되어 있는데, 그중 한 곳에 지팡이를 가지고 휘두르면 물건들이 움직이는 체험할 수 있다. 많은 여행객들이 이 체험을 하기 위해 줄을 상당히 많이 서고 있으니, 기다릴 자신이 있는 분이면 도전하기 바란다.

우리는 항상 기다림이란 습관에 둘러싸여 살고 있다. 버스를 기다리고, 사람을 기다리고, 식사를 기다리고… 그런데 나는 나를 왜 기다려 주시 않는 걸까?

< 마리오 빵가게 >

마리오 빵가게는 비가오는 날인 데도, 관광객
으로 붐비고 있었다. 잠깐의 고민 〈먹을까? 말까?〉
여기 까지 왔는데… : 결씨 걸어요.

마리오 꽌 케이크

↳ 관광객이 실내에 너무 많이 있어서, 빵을 쳐다 다려어 ㄱㄴㅇㄷ

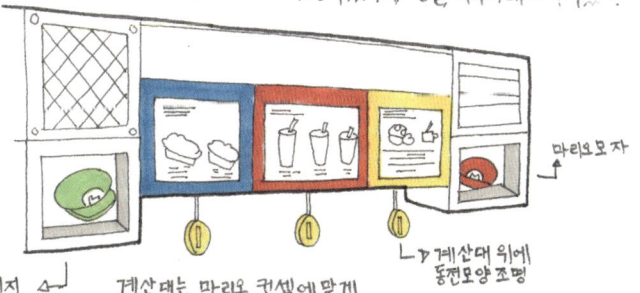

마리오 모자 →

루이지 ↰
모자

계산대는 마리오 컨셉에 맞게
모자와 동전 등의 공간으로 꾸며 놓았다.
계산대의 위 동전은 손님을 부를때 깜박이기도 한다.

↳ 계산대 위에
동전모양 조명

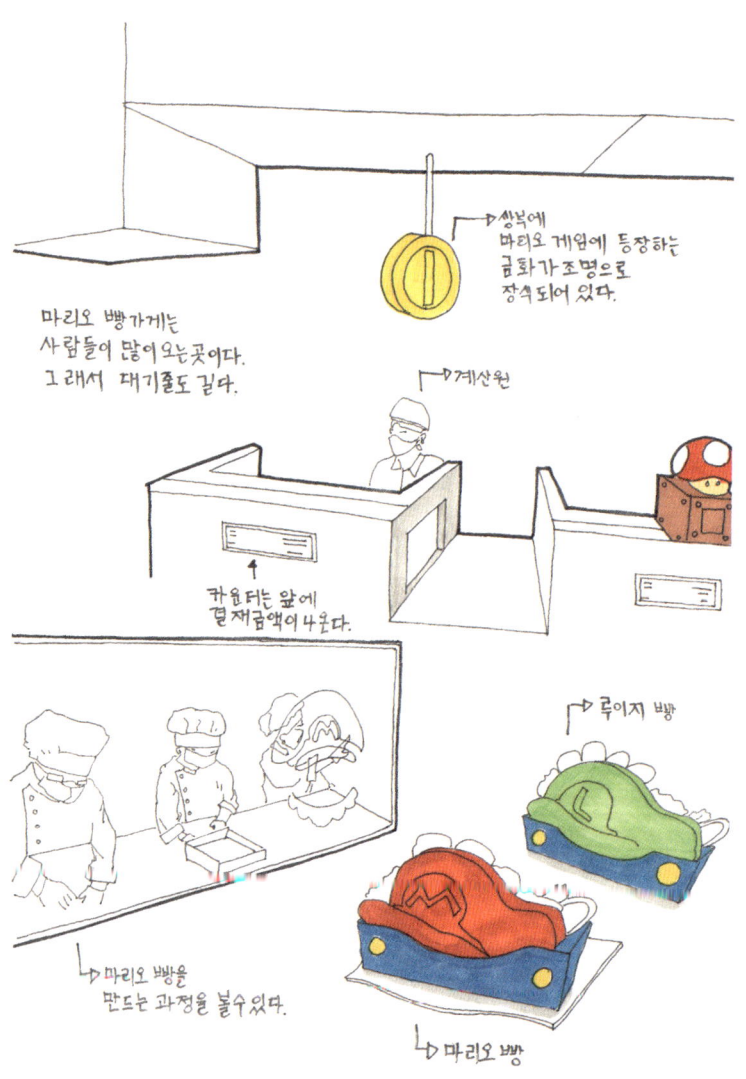

천막에
마리오 게임에 등장하는
금화가 조명으로
장식되어 있다.

마리오 빵가게는
사람들이 많이 오는곳이다.
그래서 대기줄도 길다.

계산원

카운터 앞에
결재금액이 나온다.

마리오 빵을
만드는 과정을 볼수있다.

루이지 빵

마리오 빵

마리오 빵 가게

    마리오를 컨셉으로 빵을 만드는 가게도 있는데, 입구부터 사람들의 기나긴 줄이 끝없이 이어지고 있었다. 워낙 이런 상황에 익숙한 듯 직원으로 보이는 분들이 30분에서 1시간은 줄을 서야 된다고 애기해 주셨다. 일본말을 알아들은 건 아니고. 뭔가 뉘앙스로….

    그렇게 우리는 여행에 대한 간단한 이야기를 나누며, 지루한 기다림을 이어갔고, 오랜 시간이 지나 드디어 우리의 차례가 되었다. 우선 이곳은 선불결제를 하면서 원하는 메뉴를 고르고, 빵을 받는 곳까지 줄을 서 있으면 되는데, 기다리는 동안 옆쪽으로 창문이 보이는데 거기서 직원분들이 바쁘게 빵을 만드는 모습을 볼 수 있고, 가끔 직원분이 손을 흔들어서 반갑게 인사를 해 주는 모습 또한 볼 수 있다.

　오랜 기다림 끝에 받은 마리오 빵은 마리오 모자를 컨셉으로 해서 그런지 첫째로 눈을 즐겁게 해 주었고, 둘째로 달콤한 과일과 생크림이 조화롭게 안쪽에 숨어 있어서, 맛도 나름 괜찮았다. 헌데 워낙 기다리는 분들이 실내에 많아서 우리는 잠깐의 포토타임 후에 밖으로 나와, 빵집 창문 처마 아래에서 먹을 수밖에 없었다. 비까지 오는 상황에서 먹으니 정말 눈물 젖은 빵을 먹는 기분이었다. 이 또한 하나의 추억으로 자리 잡은 에피소드이다.

건강을 위해서 이것도 줄이고, 저것도 줄이고, 이건 먹지 말고, 저것도 먹지 말고. 그럼 건강의 최악인 스트레스는 무엇으로 줄여야 하지?

〈마리오 월드〉

마리오 월드의 입구도 정말 마리오답게 꾸며놓았다.
닌텐도게임에서만 보던 마리오 월드를 볼수 있다는
기대감에 기분이 살짝 올라가고있었다.

↳ 마리오 월드 간판

↳ 포토존

↳ 마리오 월드 입구

마리오월드 입구를 지나면, 닌텐도게임
에서만 보던 게임 세상이 눈앞에
펼쳐진다. 정말 가슴이 벅차오른다.

→ 마리오 세상

마리오게임의
배경을 디테일하게
너무잘표현했다.

"가는날이, 장날이다"
우비를 입고 어트랙션을 타니
뭔가 내가 탄게 아니라
어트랙션이 나를
끌고 가는 기분이다.

←삐꿈
플라워

→거북족〈요시〉

└바닥에
레일이
있어 자동으로
움직임

마리오월드에서는 다양한 볼거리, 놀거리가 많다.
그 만큼 사람들도 많기 때문에 사전에 어플을 통해
입장예약을 하기 바란다.
그렇지 않고 무조건오게되면, 입구도 보이지 않는 곳에서
직원의 안내에 따라 기나긴줄을 서야 한다.

마리오 월드

　원래는 마리오 월드를 구경하려면 기본이 2~3시간을 기다려야 한다고 했다. 우리는 마침 인터넷으로 미리 예약하는 시스템을 이용하여 예약을 하였는데, 참고로 이 예약시스템은 다른 곳에서는 안 되고 유니버셜 스튜디오 안에서만 가능하니 참고하시기 바란다.

　마리오 월드는 그야말로 내가 닌텐도 게임에서 보던 그대로를 재현해 놓았다. 와~~ 너무 멋지다 라는 생각밖에 안 들었다. 사진을 찍는 사람들부터 어트랙션을 타려는 줄까지 거진 시장통을 방불케 하는 모습이었지만 뭔가 이런 분위기가 더 재미있었다.

　우리는 마리오 어트랙션을 타기로 정하고 줄을 섰는데, 이 또한 기다림의 연속이다. 그래도 내부로 들어와서 줄을 설 수 있어서 비는 피할 수 있었지만 워낙 몸이 비에 젖어서 인지, 아이들도 아내도 지친 기색이 역력하였다. 준비한 초코바 간식으로 우리는 약간의 기력을 보충하고 어트랙션에 몸을 실었다. 여러분에게도 추천해 드리고 싶은 게, 이 어트랙션을 타면 마리오 월드를 앉아서 편하게 볼 수 있고, 때로는 이벤트가 있어서 총으로 악당들을 물리치는 미션도 있으니 어른들도 아이들도 동심으로 돌아가 마음껏 웃을 수 있는 놀이기구이니 꼭 타 보기 바란다.

어른의 행동은 어린이의 거울과도 같다. 반대로 어린이의 행동이 어른의 거울과도 같으면, 왠지 순수한 세상이 되지 않을까?

"안녕 나는 이번에 입사한 ○○○인데, 나하고 같이 밥도 먹고, 커피도 마시고 일도 같이 하자. 재미있겠지?"

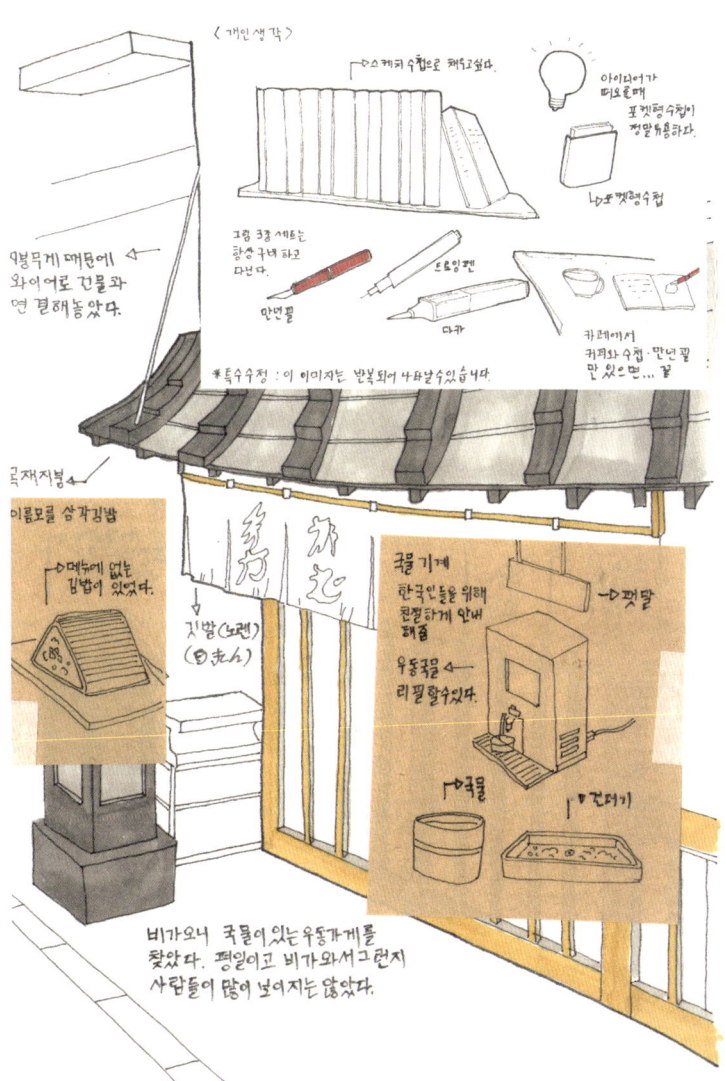

〈개인 생각〉

스케치 수첩으로 해두고싶다.

아이디어가 떠오를 때 포켓형 수첩이 정말 유용하다.

ㄴ포켓형 수첩

그림 3종 세트는 항상 구비하고 다닌다.

만년필
드로잉펜
마카

카페에서 커피와 수첩, 만년필 만 있으면... 끝

이불무게 때문에 와이어로 건물과 연 결해놓았다.

※특수수정 : 이 이미지는 반복되어 4~5번날수있습니다.

곡재지붕

이름모를 삼각김밥

메뉴에 없는 김밥이 있었다.

지붕(노렌)
(日 のれん)

국물 기계

한국인들을 위해 친절하게 안내 해줌

우동국물 ← 리필할수있다.

펫말

국물

건더기

비가오니 국물이 있는 우동가게를 찾았다. 평일이고 비가와서 그런지 사람들이 많이 넣어지는 않았다.

〈이미지 수정 방법〉

→①수정테이프로 골라냈던 이미지수정

→②스케치

③포스트잇

[이 이미지는 반복 사용 됐었습니다. ㅜㅜ]

포스트잇을 활용한 수정작업을 제일 많이 함

→④수정

수정작업

특유④수정
불가피한 수정으로
그림의 구도가
지저분해 지는점
고개숙여 사죄드립니다. ㅜㅜ

→①일부수정시 같은 재질의 종이로 잘라서 붙인후, 다시그림

→같은 재질의 종이 재단

새우튀김 ←

메인우동을 받아서, 옆으로 이동하면, 여러종류의 튀김이 나란히 배치되어있다. 원하는 튀김을 담아서 끝에있는 계산대에서 계산한다.

→양념통

→젓가락통

→정체모를 소스그릇

→국물리필통

→유부우동

가게앞 깃발을 (노렌 ⑦⑥⑩) 이라 하는데, 이는 내부와 외부의 공간을 분리하는역할 과 바람이나 직사광선을 막는 역할을 한다고 한다.

일본에서 먹어서 그런지, 뭔가 우동의 식감이나, 면발의 쫄깃함. 국물의 특유의 맛이 어우러져서 맛있었다. 거기에 갓튀긴 튀김의 바삭함도 더해져서 나름 알찬 점심이였다.

이름 모를 우동 가게

유니버셜 스튜디오의 구경을 마치고 나온 우리는 비에 젖어서 더 그런지 몸도 추워지고, 배도 고파 오는 신호로 가까운 식당을 찾아 나섰다. 유니버셜 스튜디오 뒤쪽으로 이동하면, 약간 미국 컨셉의 빌딩들이 있고 식당들이 있었다. 패스트푸드부터 일본 전통 식당도 있으니 취향에 맞게 식사하면 된다.

우리는 뜨거운 국물이 필요하여 이름 모를 우동 가게에 들어가게 되었다.

가게에 늘어가니 비가 와서 그런지 손님은 한 테이블밖에 없었고, 혹시 맛이 없는 곳인가 이런 생각에, 그냥 나갈까 하다가, 비도 오는데 따뜻한 국물이라도 먹고 가자 의견을 모았다. 주문을 막상 하려니 뭔가 종류가 대단히 많았다. 그래서 제일 먼저 보이는 유부 우동을 시켰다.

이곳은 우동이 나오면 쟁반을 이동하면서, 튀김류가 뷔페처럼 있는 곳으로 이동하는데 여기서 먹고 싶은 튀김을 골라서 계산을 하면 된다.

아마 이때부터였던 것 같다 배고픈 나머지 우동을 급하게 먹으면서도 몸까지 추우니 나의 오랜 숙적 신경성 대장이 점점 본연의 모습을 드러내기 시작하였다.

비가 내리면, 고요히 잠들어 있던 마음의 가냘픈 소리가

잔잔한 호수의 물결처럼 가슴 한 켠으로 밀려온다.

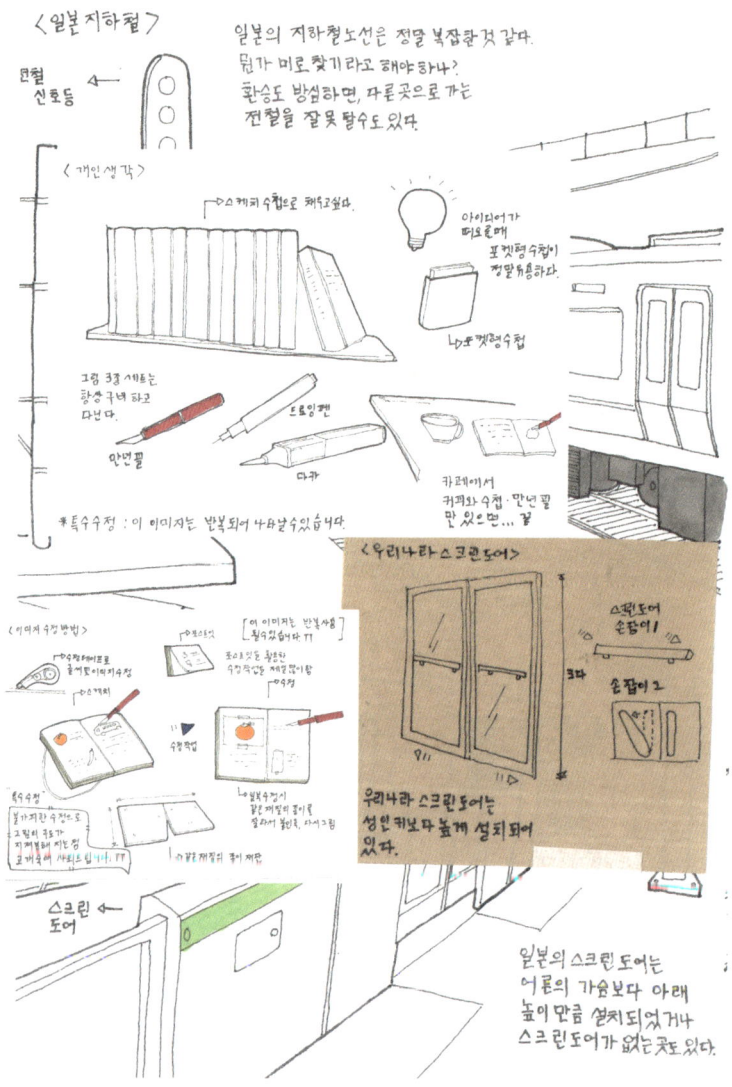

〈일본 지하철〉

일본의 지하철노선은 정말 복잡한 것 같다.
뭔가 미로 찾기라고 해야하나?
환승도 방심하면, 다른 곳으로 가는
전철을 잘못 탈수도 있다.

인철
신호등

〈개인 생각〉

◇스케치 수첩으로 해두고싶다.

아이디어가
떠오를때
포켓형수첩이
정말 유용하다.

↳ 캠핑수첩

그림 크링 사람들은
항상 구비 하고
다닌다.

만년필

드로잉펜

다카

카페에서
커피와 수첩 · 만년필
만 있으면... 끝

※특수수정 : 이 이미지는 반복되어 나타날 수 있습니다

〈이미지 수정 방법〉

◇수정테이프로
올려붙이고이미지수정

◇수정스티커

조각으로 잘라서
수정작업후 재접합이나
이미지수정

◇수정액

수정작업

[이 이미지는 반복사용
될수있습니다 ??]

◇붓을깨끗이
물에깨끗이물기
털어 붙이고, 다시그림

◇특수수정

붓이까끗한수정으로
그림이 우거가
지워졌때 지는점
ㄱ이속에 스케치됩니다. ??

◇끝 재접합 붓이 까먹

스크린
도어

〈우리나라 스크린도어〉

스크린도어
손잡이

손잡이 2

3마

우리나라 스크린도어는
성인 커보다 높게 설치되어
있다.

일본의 스크린도어는
어른의 가슴보다 아래
높이 만큼 설치되었거나
스크린도어가 없는 곳도 있다.

일본의 지하철노선은 복잡한 경로로
유명하다.

일본의 지하철 역무원 <이미지 수정방법>
은 날씨가 더워도
정복을 깔끔하게
입고있는 모습이
참보기 좋았다.

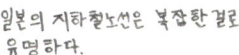

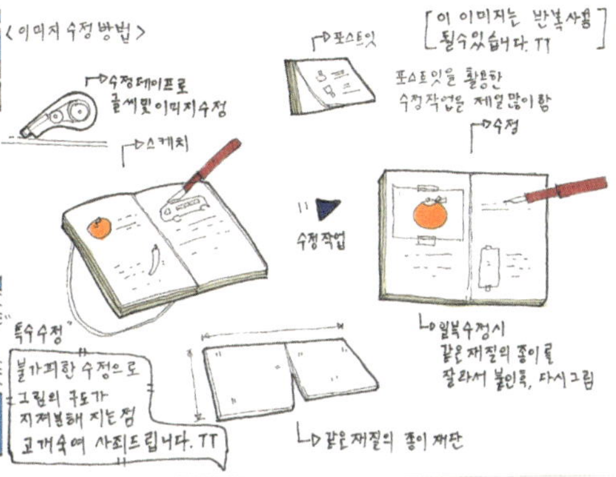

[이 이미지는 반복사용
될수있습니다. TT]

└수정테이프로
종이빗면이미지수정

┌포스트잇

포스트잇을 활용한
수정작업은 제일 많이 함

└스캐치

└수정

수정작업

특수수정
불가피한 수정으로
그림의 구도가
지저분해 지는점
고개숙여 사죄드립니다. TT

역무원이 쓰는
전용 테블릿

└일부수정시
같은 재질의 종이를
잘라서 붙이고, 다시그림

└같은재질의 종이 재단

전철에
화장실

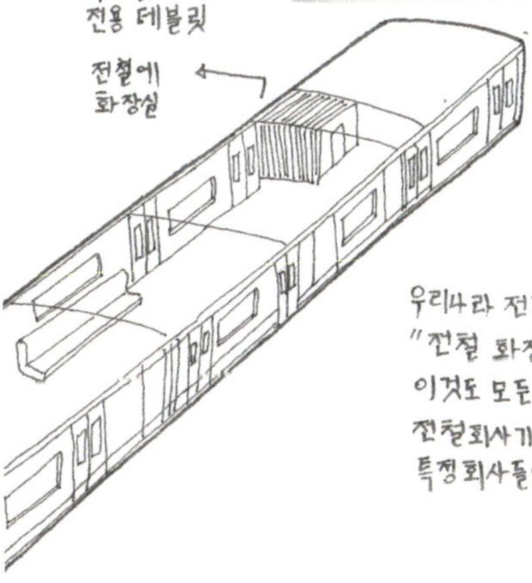

우리나라 전철에 없는
"전철 화장실"이 일본에는있다.
이것도 모든 전철에 있는건 아니고
전철회사가 일본은 면자다보니, 서비스 차원에서
특정회사들의 전철에만 설치되어 있는것 같다.

숙소로 가는 길 1

　유니버설 스튜디오의 멋진 추억을 간직한 채 우리는 숙소로 발길을 옮겼다. 여기서부터 나 자신은 혼자만의 정신력이 한계를 넘어 득도의 경지에 이른 순간을 마수하게 된다. 시론이 길었다. 렛츠고~~ 숙소로 가는 길은 지하철 미로 찾기였다. 하지만 친절한 역무원을 만나서 안 되는 영어와 몸짓으로 지하철을 게임하듯 찾아다녔다. 여기서부터 시작이었다. 아까 마주한 신경성대장이 분노를 분출하기 시작하면서 나의 뱃속은 천천히 끓기 시작하였다. 공포가 밀려왔다. 하지만 나의 오랜 경력으로 이 정도는 참을 수 있으리라 장담하면서 전철을 기다리는데, 전철은 왜 이리 오지 않는지 점점 더 심해지는 나의 뱃속은 가늠이 되지 않는 상황까지 가게 되었다.

　　　　　수첩에 펜으로 끄적끄적

오랜만에 라디오를 틀었는데 내가 좋아하는 음악이 흘러나오고 있었다. 흥얼거리면서 길을 걷고 있는데, 길가에 있던 유리창에 비춰진 내 모습이 웃고 있었다. 오랜만에 마주한다 내가 보는 나의 웃는 모습.

〈첫번째 숙소〉

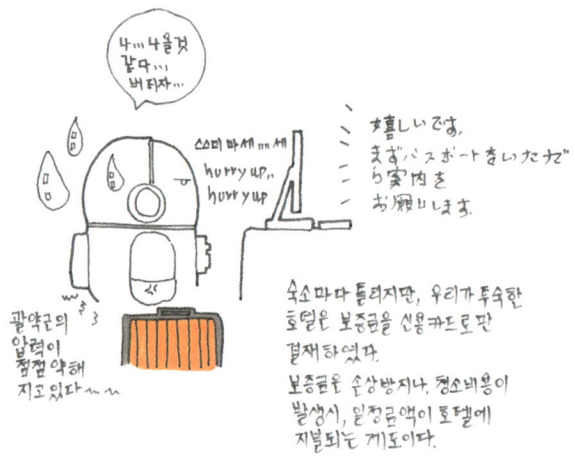

나...4일것
같다...
버티자...

스미마세...세
hurry up,,,
hurry up

嬉しいです,
まずパスポート 하いたで
ら 実内を
お願いします.

괄약근의
힘력이
점점 약해
지고 있다~~

숙소마다 틀리지만, 우리가 투숙한
호텔은 보증금을 신용카드로만
결제하였다.
보증금은 손상방지나, 청소비용이
발생시, 일정금액이 호텔에
지불되는 계도이다.

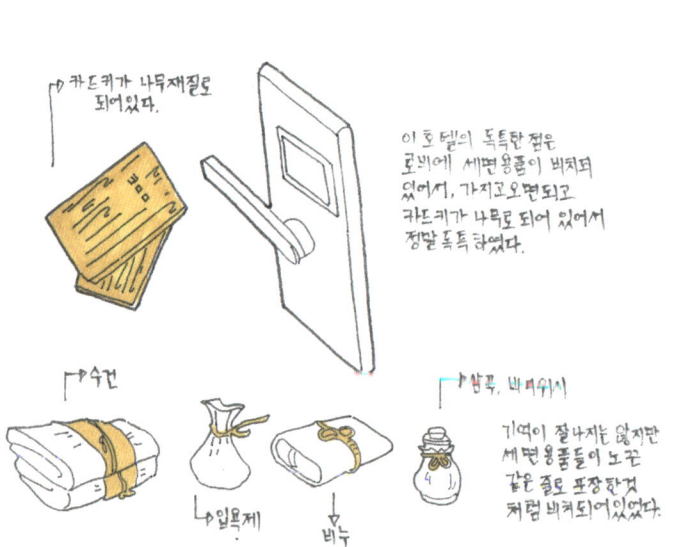

카드키가 나무재질로
되어있다.

이 호텔의 독특한 점은
로비에 세면용품이 비치되
있어서, 가지고오면되고
카드키가 나무로 되어 있어서
정말 독특하였다.

↪수건

↪입욕제

↪비누

↪샴푸, 바디워시

기억이 잘나지는 않지만
세면용품들이 노끈
같은 줄로 포장한것
처럼 비쳐되어있었다.

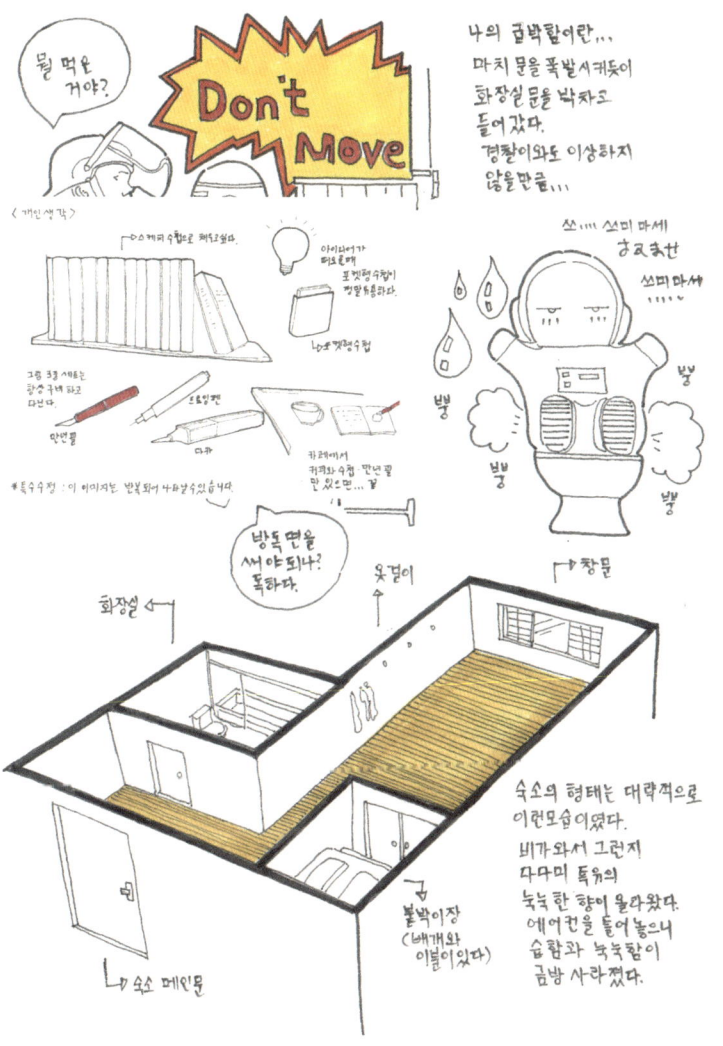

숙소로 가는 길 2

이 이야기가 이렇게나 긴 게 아닌데…. 그래도 들어주셔서 감사합니다.

여기서 더 다이내믹한 건, 지하철이 헷갈려서 머뭇거리고 있을 때, 한 일본인 어학생이 친절하게 다가와서, 가는 곳을 물어봐 주었고, 우리의 숙소 위치를 보여 주니, 지하철 타는 곳을 알려 주어서 제시간에 탈 수 있었지만…. 그건 오산이었다. 알고 봤더니 우리 숙소의 정반대 방향을 알려 주었던 것이다. 우린 30분을 가서야 잘못된 걸 알았고 지하철에서 내려 반대 방향에서 지하철을 다시 기다려야 했다. 나의 뱃속은 이미 마그마가 분출 직전이었으나, 정신이 육체를 지배하리라, 더더욱 나를 정신의 한계로 몰아붙였다. 지금 생각해도 아찔하다.

수첩에 펜으로 끄적끄적

원래의 숙소로 가는 지하철에 올라타니 너무 드라마틱하게도 화장실이 있는 지하철을 마주하게 되었다~~ 신기하지만 그도 잊은 채 사용하려고 하니 이미 다른 이가 사용하고 있었다. 더이상 지하철 창문으로 스쳐 지나가는 일본의 풍경은 눈에 들어오지도 주변 사람들의 말소리도 들리지 않았다. 이젠 내 정신이 득도에 오르리라. 나의 뱃속 전쟁 이야기가 너무 길었다. 숙소에 도착하고 체크인 후 정말 나는 문을 박차고 신발도 신은 채 화장실로 뛰어들어 갔다. 마치 범죄자를 잡는 경찰특공대처럼 번개같이 들어가서 평화를 찾았다.

잊은 것과 잃어버린 것, 둘 중에 어떤 게 더 슬픈 일일까?

일본 편의점〉

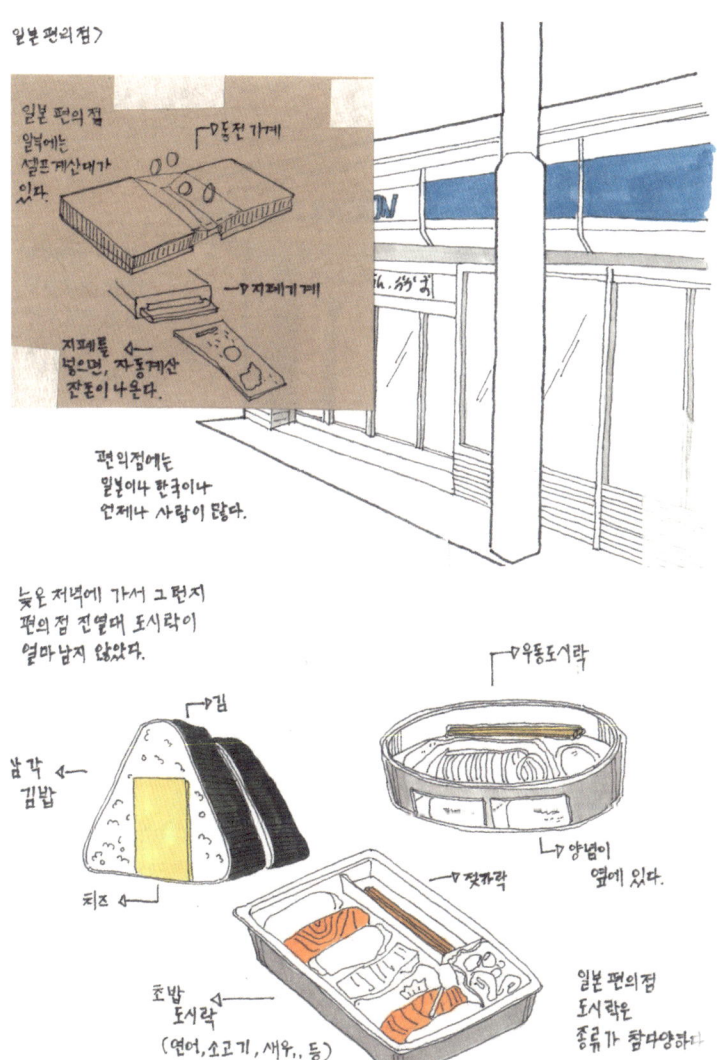

일본 편의점
일본에는
셀프계산대가
있다.

┌▷동전 가게

┌▷지페기계

지페를 ←
넣으면 자동계산
잔돈이 나온다.

편의점에는
일본이나 한국이나
언제나 사람이 많다.

늦은 저녁에 가서 그런지
편의점 진열대 도시락이
얼마 남지 않았다.

┌▷김

삼각 ←
김밥

치즈 ←

┌▷우동도시락

┌▷양념이
     옆에 있다.

┌▷젓가락

초밥 ←
도시락
(연어, 소고기, 새우,, 등)

일본 편의점
도시락은
종류가 참다양하다.

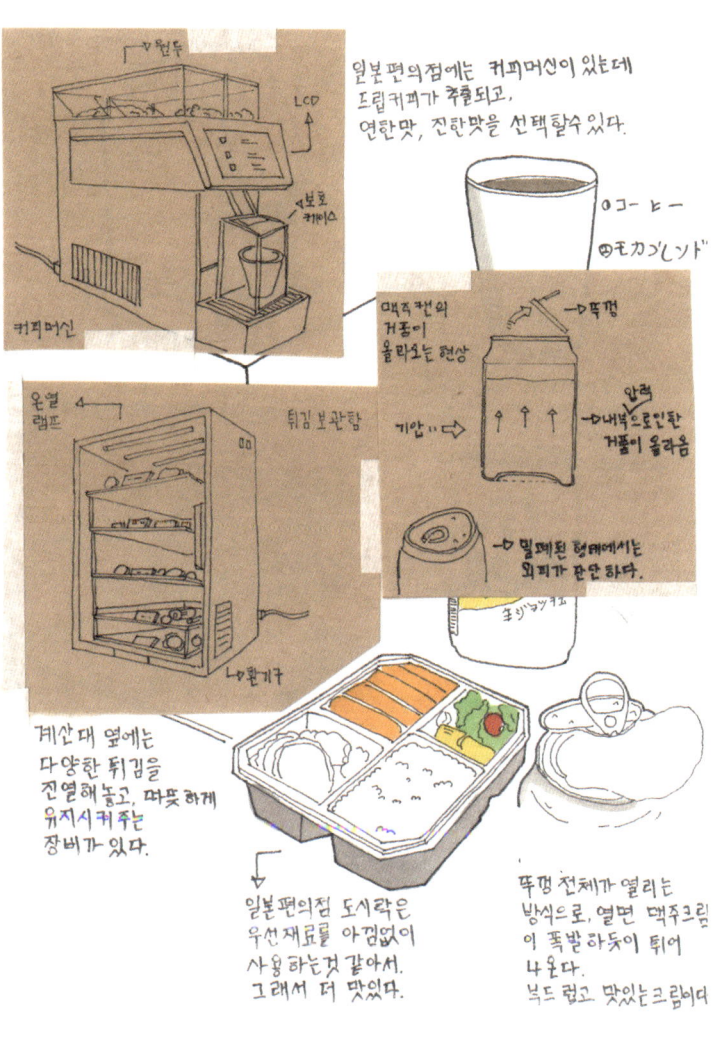

ㄴ원두

LCD

ㄴ보호
커버스

커피머신

일본편의점에는 커피머신이 있는데
드립커피가 추출되고,
연한맛, 진한맛을 선택할수 있다.

ⓞコーヒー
ⓜモカブレンド

온열
램프

튀김 보관함

맥주캔의
거품이
올라오는 현상

ㄴ뚜껑

기압 ㅣㅣ ⇨

안력
ㄴ내복으로인한
거품이 올라옴

ㄴ환기구

ㄴ밀폐된 형태에서는
외피가 판판 하다.

コリンヅネユ

계산대 옆에는
다양한 튀김을
진열해 놓고, 따뜻하게
유지시켜주는
장비가 있다.

ㄴ일본편의점 도시락은
우선 재료를 아낌없이
사용 하는것 같아서.
그래서 더 맛있다.

뚜껑 전체가 열리는
방식으로, 열면 맥주크림
이 폭발 하듯이 튀어
나온다.
녹도 럽고 맛있는크림이다

일본 편의점

　어느 스님의 말씀이 생각났다. "진정한 행복은 물질적 소유가 아닌, 마음의 평안에서 온다." 나는 몸속의 물질을 비워서 드디어 마음의 평화를 찾으니 드디어 다른 것들이 보이기 시작했다. 우선 우리 숙소의 모습. 다다미 특유의 향기와 촉감이 느껴졌다. 깔끔하게 정돈된 이불들과 각종 세면용품, 일본의 깔끔함이 잘 드러난 숙소의 모습이다. 이렇게 잠시 숙소를 감상하고 있으니, 거진 저녁 시간이 가까워져서 우리는 허기진 배를 달래기 위해 한국에서 미리 알아 둔 유명한 식당으로 향했다. 하지만, 도착하고 보니 많은 한국분들과 일본분들의 기다란 줄 서기의 행렬이 있었고, 고민할 틈도 없이, 발길을 돌려 편의점으로 향하였다. 아마 유니버셜 스튜디오에서 너무 많은 기다림으로 인해 지친 상태라서 빨리 먹고 쉬고 싶어서 그랬을지도 모른다.

일본은 편의점의 천국답게 다양한 먹거리가 진열장을 채우고 있었다. 우리는 맛있는 도시락을 포함하여, 튀김류, 삼각김밥과 시원한 맥주까지 비닐봉지 2개가 가득 차게 담아 숙소로 향하였다.

숙소에서 시원한 맥주와 함께 먹는 식사는 아주 멋진 저녁 식사 시간을 선사하였다.

아~~ 내일은 또 얼마나 재미있을까~~ 기대가 아주 많이 되는 여행 첫째 날이다.

즐거움에 마음이 한껏 부풀어 오르다가, 다시 줄어드는 건 기쁨이 사라져서 그런 걸까 아니면 슬픔이 채워져서 그런 걸까?

< 청수사 가는 길 >

┌□녹차 아이스크림   ┌□크림 아이스크림

└□과자

청수사로 가는 길에 마주친
아이스크림 가게이다.

더운날씨라, 그런지 더 시원하게
느껴진다.

두종류를 판매하는데, 녹차와 일반
크림이 있으며, 한개당 450円이다.

옆에 과자도 하나 끼워줘서
아이스크림을 퍼서 먹을수있다.

450円

└□손잡이
좋이 끝때기

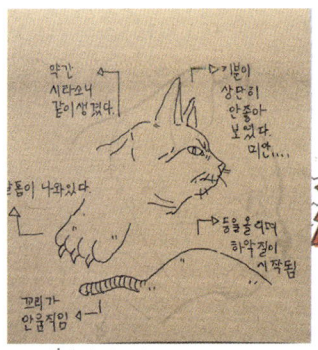

약간
시라오나
같이 생겼다.

┌□기분이
상당히
안좋아
보였다.
미안...

-□돋이 나와있다

┌□등을 보며
하악질이
시작됨

꼬리가
안움직임 ←──┘

어디서 나타났지 모를
외몸의 고양이
나를 싫어 했던게
분명했다.

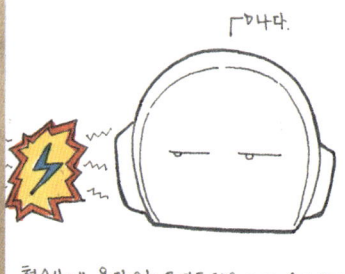

┌□나다.

청수사에 올라오는 극기훈련을 하니, 숨도 돌릴겸
계단 쪽에 앉아있는데, 어디서 나타난지 모를
고양이가 나를 째려보고있었다.

눈싸움에 자신있는 나에게 그 곳을 떠날때까지
눈싸움은 계속되었다.
내가 이겼다.

비와 햇빛을
가려주는 가림막

청수사에는 인력거를 탈수 있는 곳이
있다.
더운 날씨라서 그런지 인력거를
끄는 분의 얼굴에 땀으로
가득 하였다.

신형인력거

스킬바퀴

우리나라, 일본, 중국 각국은
고유의 전통 의상이 있고
각국의 특성과 개성이 나타나서
보기 좋다.
우연히 마주친 기모노 입은 분들을 보니
일본의 개성이 잘나타난
문양과 형태가 독특했다.

기모노 특징

기모노 뒤에 달려있는
천을 <오타이코>
라 한다.

오타이코

타레

오타레

나막신
비올때나 진흙이
있을때 걷기 편합니다.

나무

〈일본 교토 청수사〉

일본교토의 대표사찰

교토시내를 한눈에
볼수 있는 전망대 역할도
한다.

이건 ←
본당이아님
본당은 더 뒤에있음

돌다리

청수사라 유명한 사찰을 보기위해 많은 여행객
들이 왔다.
올라오는 초입부터 어찌나 많은지 고개를 들면
보이는건 사람 뒷머리 밖에 없었다.
그렇게 힘겹게 올라와 마주친 청수사는
오랜세월이 무색할 정도로 잘보존되어
있었다.

청수사를 가는길 숨어 약간 찰정도의
경사가 있는 길과 계단이 있었다.
양쪽으로는 상점들이 있어서.
　　　　눈을 즐겁게 해준다

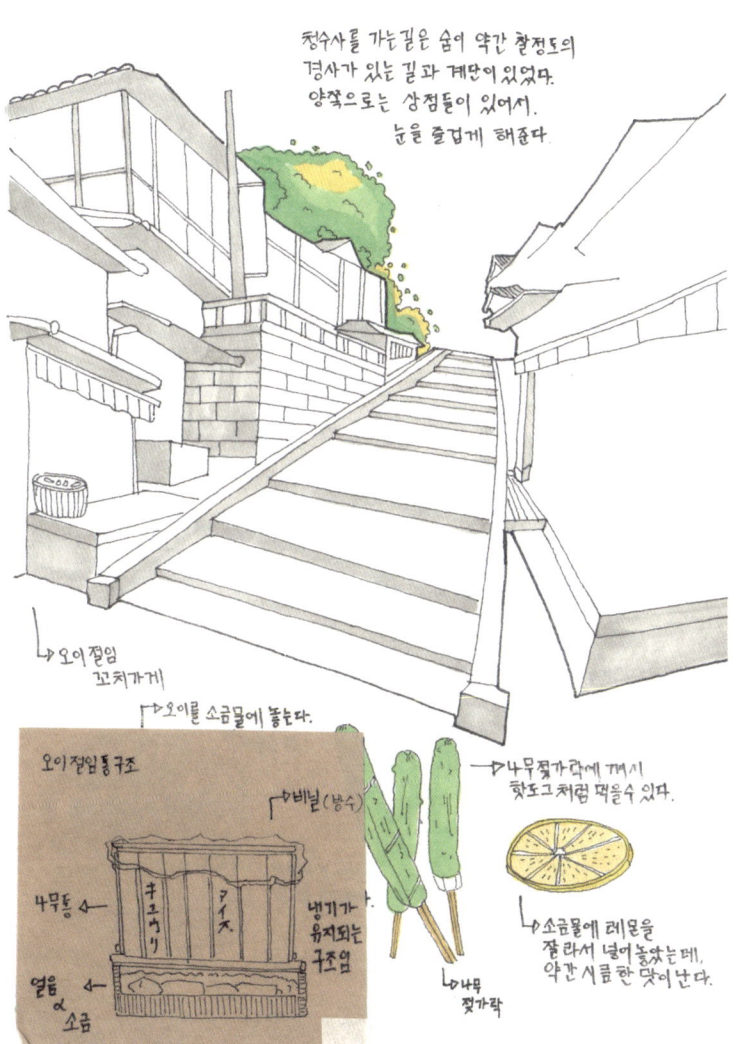

↳ 오이절임
　 꼬치가게

↳ 오이를 소금물에 놓는다.

오이 절임통 구조

↳ 비닐 (봉수)

↳ 나무젓가락에 꺼서
　 핫도그처럼 먹을수 있다.

↳ 나무통

ㅋㅜㅇㅓㅣ　ㅈㅏㅣㅈ

냉기가
유지되는
구조임

얼음 α
소금

↳ 소금물에 레몬을
　 잘라서 넣어놓았는데,
　 약간 시큼한 맛이 난다.

↳나무
　젓가락

청수사를 향하여

첫째 날의 아찔한 기억이 있었던 탓인지, 둘째 날은 기분이 날아갈 듯 몸이 가벼웠다. 교토에 오면 꼭 가 봐야 한다는 청수사라는 일본의 절을 찾아 우리는 아침 일찍이 이동하였다. 지하철에서 만난 현지인들과 창밖의 풍경은 어제와는 또 다른 새로움을 선사하였다. 청수사는 한국인 관광객도 많이 있어서 가는 길목에서부터 한국말이 들리기 시작하였다.

일본분이 일하는 인력거도 보이고 양쪽으로 펼쳐진 아기자기하고 다양한 가게들도 내 눈을 호강시켜 주었다. 날씨가 더워서 그런지 아이스크림을 판매하는 상섬노 많았고, 청수사의 굿즈나 일본의 개성 있는 용품들을 판매하는 곳도 많이 있었다. 그중에서 가장 눈에 들어온 곳은

수첩에 펜으로 끄적끄적

독특한 먹거리를 판매하는 상점이었는데, 그것은 오이를
소금물에 담가서 핫도그처럼 판매하고 있는 것이었다.
나는 내심 내키지 않았지만 아내가 한 번 먹어 본다고 해
서 하나를 사서, 한 입 먹어 보니, 그냥 오이를 소금에 찍
어서 먹는 것과 같았다. 그래도 땀을 많이 흘려서 빠져나
간 염분을 보충해 주는 느낌이라 나름 건강에는 괜찮은
먹거리였다.

냉장고에서 콩나물을 꺼내니 쉬려고 했다. 채나물을 꺼냈는데 쉬려고 했다. 고사리도 쉬려고 했다. 그래서 모두 편히 쉴 수 있게 비빔밥 먹었다.

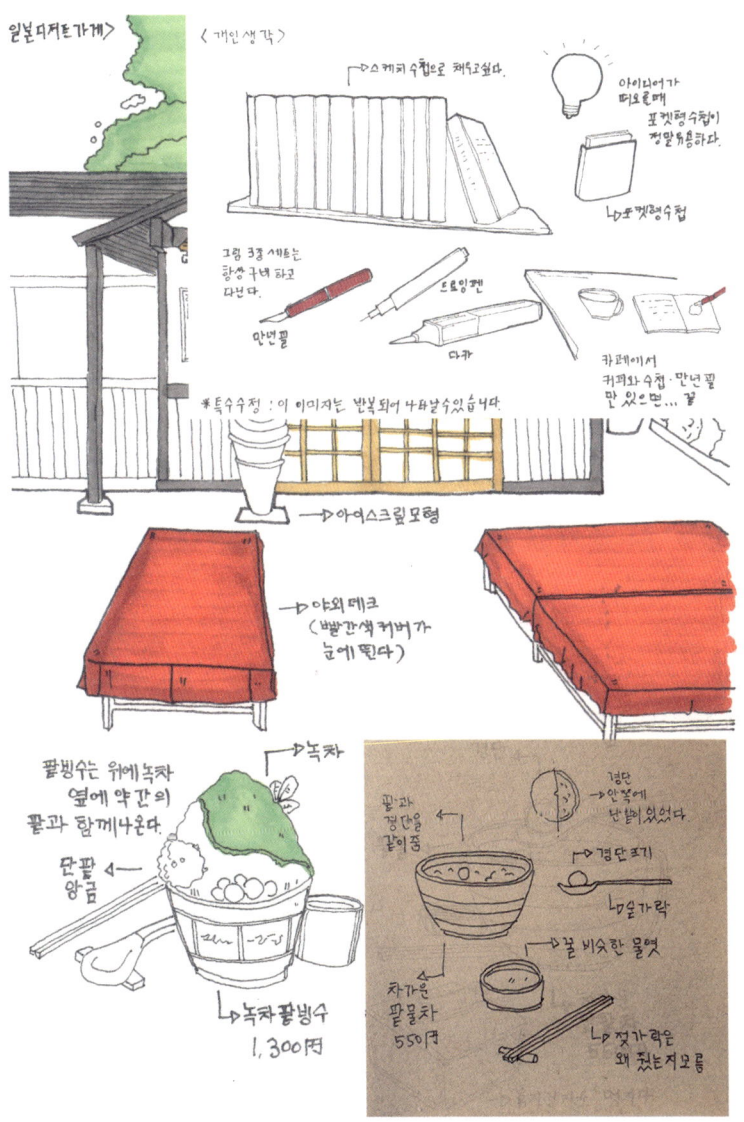

일본 디저트 가게>

< 개인 생각>

→스케피 수첩으로 채고고싶다.

아이디어가
떠오를때
포켓형 수첩이
정말 유용하다.

↳포켓형수첩

그림 1장 쓰로는
한쌍 구녀 하고
다본다.

만년필

드로잉 펜

미카

카페에서
커피와 수첩·만년필
만 있으면... 끝

*특수수정 : 이 이미지는 반복되어 나타날수있습니다.

→아이스크림모형

→야외 메크
(빨간색 커버가
눈에 띈다)

팥빙수는 위에 녹차
옆에 약간 의
팥과 함께나온다.

→녹차

만팥
양금

↳녹차 팥빙수
1,300円

경단
↳안속에 반밖에 있었다

팥과
경단을
같이 줌

→경단조기
↳일가락

→꿀 비슷한 물엿

차가운
팥물차
550円

↳젓가락은
왜 줬는지 저모름

그외의 음식들도
소개한다.
맛있어 보였다.

↱녹차

↱모찌꼬치

↱단팥
  아이스
  크림

↱양갱이

↳판팥떡

↱빨간
  데크가
  안에도
  있다.

울창한 숲길을 따라 걸으면, 길옆에
디저트 가게가 있다.
여름이라 사람들이 많은편이였다.
이 가게의 특징은 야외 테이블에
빨간색 방수포를 모든 테이블에
묶어 놓았다.
비가오면 젖지 않게
해주고, 무엇보다
눈에 잘 띈다.

외부에서 보면 판자집처럼
생겼다. 안에서 디저트를
주문하면, 밖에서 테이블에
앉아 먹을수있다.
숲속이라 그런지 여름인데도
시원한 바람이 불었다.

특별한 만남 1

    이번 여행에서 좀 특별한 만남이 있었다. 아내의 친구 분이 일본 그것도 교토에 살고 계시기 때문이다. 청수사를 구경하고 내려오는 길에 알려 주신 장소로 우리는 이동하였다. 지금 기억해 보면 어딘 지는 잘 기억이 나지는 않지만, 숲이 우거진 곳에 있는 작은 디저트 가게였던 것 같다. 이곳에서는 팥빙수하고 팥으로 만든 음료들을 팔았는데, 나는 워낙 팥을 좋아해서, 경단이 들어간 달달한 팥물 같은 것을 시켰고, 그 외에 녹차가루가 들어간 팥빙수도 함께 시켜서, 식당 밖으로 나와 야외 테이블에 앉아 시원한 바람을 맞으며 먹으니 참 맛있었다.

시원한 음료수를 마시면, 시원하다. 얼큰한 국물을 마시면, 시원하다…?

뭐든 여름에 시원하면 됐다.

이것을
공포(栱包)
구조라고 하는데
무거운 처마의 무게를 받치기
위해 기둥머리에 만듦
우리나라와
비슷한 형태를 보인다.

▷금강소나무

우리나라는
목재건축에
소나무가 사용됨

금강소나무는 경복궁을 지을 때 쓰였던
최고급 소나무이다.
▷편백 나무   ▷삼 나무

일본 목재 건축에는 편백나무와 삼나무가
사용됨

목재건축
못사용없이
끼워 맞춤

▷홈파기

▷끼워넣기

▷기와

공포구조
우리나라는 지붕에
무거운 기와가 많아서
기둥마다 공포구조를
만들어 힘을 분산시킨다.

▷유선형기둥
유선형의 기둥은
일자기둥보다.
힘의 분산시키는 역할

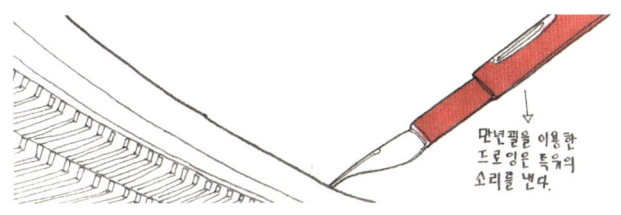

만년필을 이용한
드로잉은 특유의
소리를 낸다.

그림도구들이다.

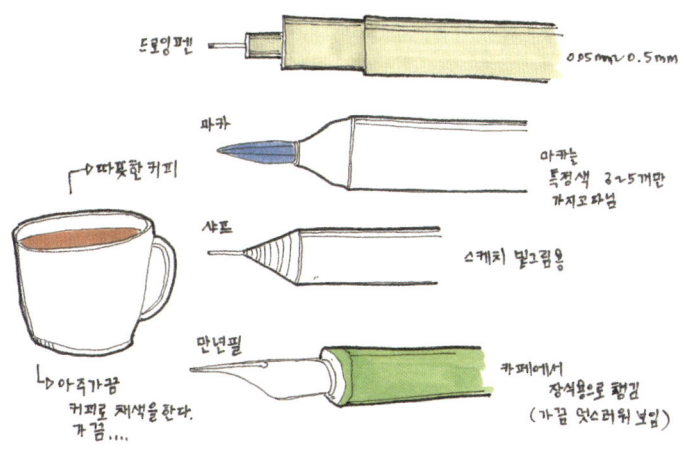

드로잉펜   0.05mm~0.5mm

파카

↳따뜻한 커피

마카는
특정색 3~5개만
가지고 따님

샤프   스케치 밑그림용

만년필

↳아주가끔
커피로 채색을 한다.
가끔....

카페에서
장식용으로 훔침
(가끔 멋스러워 보임)

만약 역사적 배경을 떠나서, 미술적으로 보면 잘만들었다.
우리나라와 같은 공포(木共包)구조는 전체적인
무게의 균형과 시각적인 균형도 가져다 주어
전반적으로 안정적인 모습을 보여준다.

사람들은 언제나 무언가가 이루어지길 소원한다.
그래서 누군가에게 기도를 한다. 나도 마찬가지로 소원이 이루어지길 기도한다.
그런데 정말 소원이 이루어지면, 그 다음에는 또 다른 소원을 찾아야 하는건가?
이것도 고민이다.

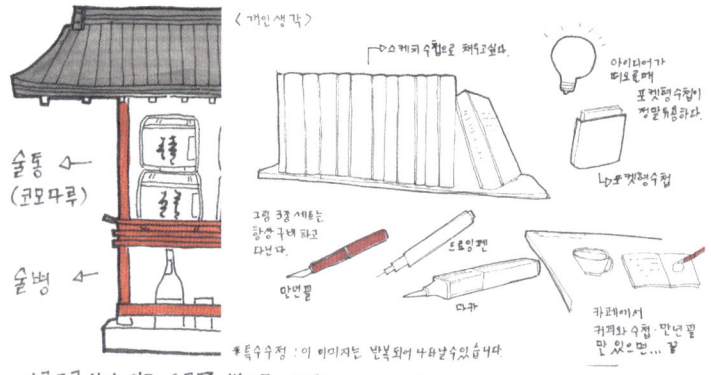

〈 개인 생각 〉

└ 스케치북 수첩으로 해두고싶다.

아이디어가
떠오를때
포켓형 수첩이
정말 튤륭하다.

└ 포켓형 수첩

그림 3컷 세트는
항상 구비 하고
다닌다.

드로잉펜

만년필

마카

카페에서
커피와 수첩 · 만년필
만 있으면 ... 끝

＊특수수정 : 이 이미지는 반복되어 쓰여질수있습니다.

이름모를 신사 입구 오른쪽에는 목조로 된 미니 신사 같은 구조물이 있었고, 그 안에는
술통과 술병들이 가지런히 진열되어있었다.

└ 하얀 포장지로 감싸놓았다.

겉쪽에는
특유의
큰 양들이
각기다르게
표현되어있다.

술통 ←

└ 내부
└ 외부포장지
(방수·단열)

나무를
격자로 설치

└ 나무술통

└ 여러겹의 노끈
매듭되어있다.

┌▶지붕은 목조건물처럼
판자가 겹쳐서 만듦

여기는 솔직히 뭐하는 곳인지
기억이 잘 나지 않는다.
어렴풋이 기억나는건
이런 형태의 미니목조가
세개가 있는데..
자신의 태어난 띠에 맞는
곳에 동전을 넣고
기도하는걸 본것 같다.

가끔그림이
잘안그려질때가
있다.
그때는 그냥 무시하고
그린다. 그림을 너무
잘 그리려고 하면, 이자체
가 재미가없어지고, 흥미
를 잃게 된다. 그래서
그냥그린다.

┌▶시주함

┌▶방울

들
사람들이 기도를 하고
이방울을 흔들어서 소리를
낸다.
소원을이루어주는 방울

┌▶여기는
손을 씻는다.

┌▶대나무로 만든
바가지

┌▶소원종이

물에 놓으면
종이에 소원
내용이 나타난다.

그림도구

0.05mm~0.1m

스케쳐펜 ▶

마카

샤프

특별한 만남 2

　아내의 친구분. 이젠 지인분이라고 하겠다.

　지인분께서 알려 주신 곳이 한 군데 더 있었으니, 숲길을 따라 조금 더 안으로 들어가면, 이 지역에서는 꽤 유명한 신사가 하나 있다고 하셨는데, 그곳은 소원을 빌면 이루어 준다는 이야기가 전해지는 신사라고 하셨다. 보통 연인들이 많이 와서 소원을 빈다고 한다. 또한 독특한 것은 신사 안에 얇은 개울가가 있었는데, 소원 종이를 구입하여 개울가에 띄우면 종이에 소원 내용이 나타난다고 하였다.

　나도 여기까지 왔는데 소원 종이는 아니어도, 소원 하나는 빌어야 하지 않을까? 나름 성심을 다하여 소원을 빌었다. "제발 부자 되게 해 주세요." 이에 누군가의 응답처럼 귓가에 무언가 가 들리는 듯하였다. "불경스럽도다 중생이여." 알밤을 세게 맞은 느낌이다.

우거진 숲 속에 자리 잡고 있는 신사라서 그런지, 아직도 그때의 맑은 숲의 공기와 상쾌한 바람들이 생각난다.

"제발 부자 되게 해 주세요."

"음 알았으니까, 그럼 여기 100원 있지? 이거 높이 던져서 땅바닥에 세워 봐."

"아니 그게 말이 됩니까?"

"그렇지? 너가 말한 게 그래….."

"죄송합니다."

<오므라이스 가게>

지인의 소개로 가게된
오므라이스 식당이였다.
외관은 세월의 흔적이
고스란히 남아있어서
뭔가 시골집 식당같은
분위기다.

오므라이스 재료

→❹햄

→계란

└❺피망

BUTTER

└❻버터

└감자

└❼오이

Milk

→❽우유

└당근

병맥주를 시키면
얼음컵과 안주, 손수건을 준다.

→❶병맥주

→❷얼음컵

→❸안주

→❹손수건
(차갑다)

<이미지 수정 방법>

수정테이프로
붙여그린 이미지수정

→덧칠하기

이 이미지는 반복사용
될수있습니다. TT

→포스트잇

포스트잇을 활용한
수정작업은 제일 많이 함

└수정

수정작업

"특수수정"

불가피한 수정으로
그림의 구도가
지저분해져 지는점
고개숙여 사죄드립니다. TT

└같은 재질의 종이 재단

└❶덮북수정시
같은 재질의 종이로
잘라서 붙인후, 다시그림

5 0 0 円
7 0 0 円

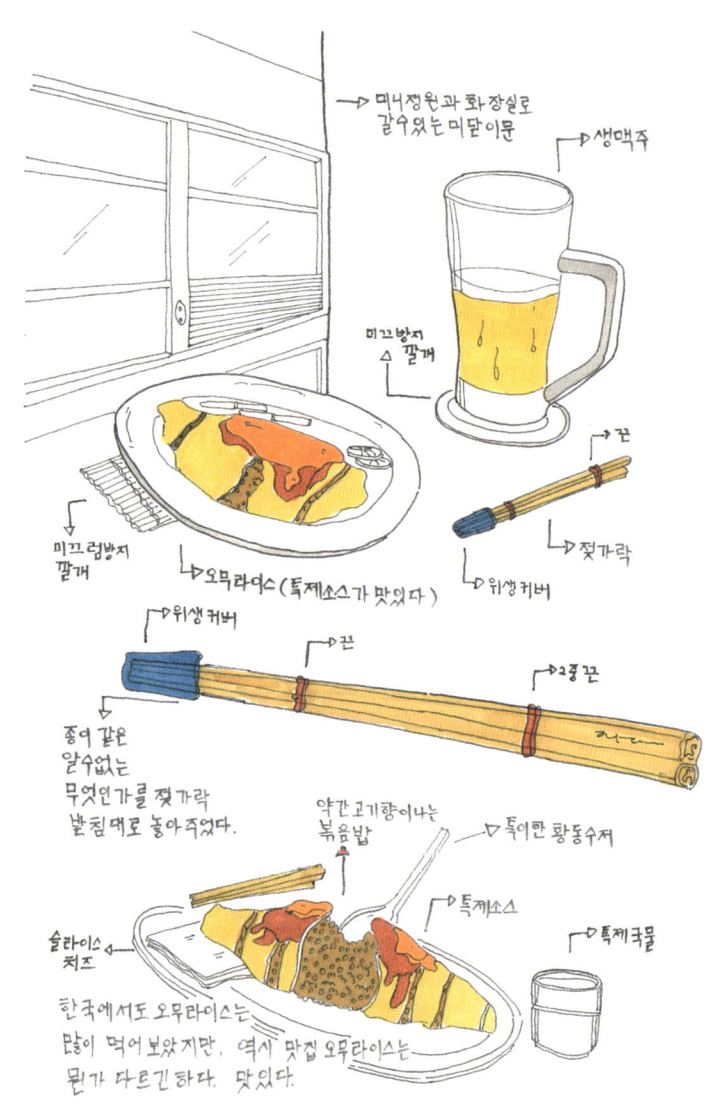

→ 미니정원과 화장실로
갈수있는 미닫이문

▷ 생맥주

미끄럼방지 △ 깔개

→ 끈

▷ 젓가락

↓ 미끄럼방지
깔개

▷ 오무라이스 (특제소스가 맛있다)

↓ 위생 커버

▷ 위생 커버

→ 끈

▷ 2중끈

종이 같은
알수없는
무엇인가를 젓가락
받침대로 놓아 주었다.

약간 고기향이나는
볶음밥

▷ 특이한 황동수저

▷ 특제소스

▷ 특제국물

◁ 슬라이스
치즈

한국에서도 오무라이스는
많이 먹어 보았지만, 역시 맛집 오무라이스는
뭔가 다르긴 하다. 맛있다.

특별한 만남 3

불경스러운 소원을 빌었던지 죄송한 마음에 출구에서 마음으로 사과를 드렸다. "죄송합니다."

청수사부터 아담한 신사까지, 오래 걸어서 그런지 허기가 지는 건 자연스러운 현상이었다. 이런 생각으로 숲속을 거닐고 있을 때 지인분께서 고마우시게도 아시는 오래된 오므라이스 식당으로 우리를 안내해 주셨다. 가게 안은 이미 많은 일본분들이 앉아 있었는데, 걱정과는 달리 지인분께서 사전에 예약을 해 주셔서 프리패스로 아담한 정원이 보이는 창가자리에서 식사를 할 수 있었다. 날이 더워서 그런지 시원한 생맥주의 목 넘김이 이리도 상쾌하리라. 그리고 곧이어 나오는 오므라이스의 멋짐은 나의 눈과 코를 호강시켜 주기에 충분하였다.

우리는 어릴 적 아니면 어른이 돼서도, 내가 하고 싶고 되고 싶은 꿈에 대해서 한 번쯤 생각해 봤을 것이다. 그럼 우리 아버지, 어머니가 하고 싶으셨던 꿈에 대해 나는 생각해 본 적이 있을까?

< 도시샤 대학 >

교토어소는 일왕과 신하들이
업무도 보고, 지내던 곳이다.
너를 잘 꾸며놓았다.

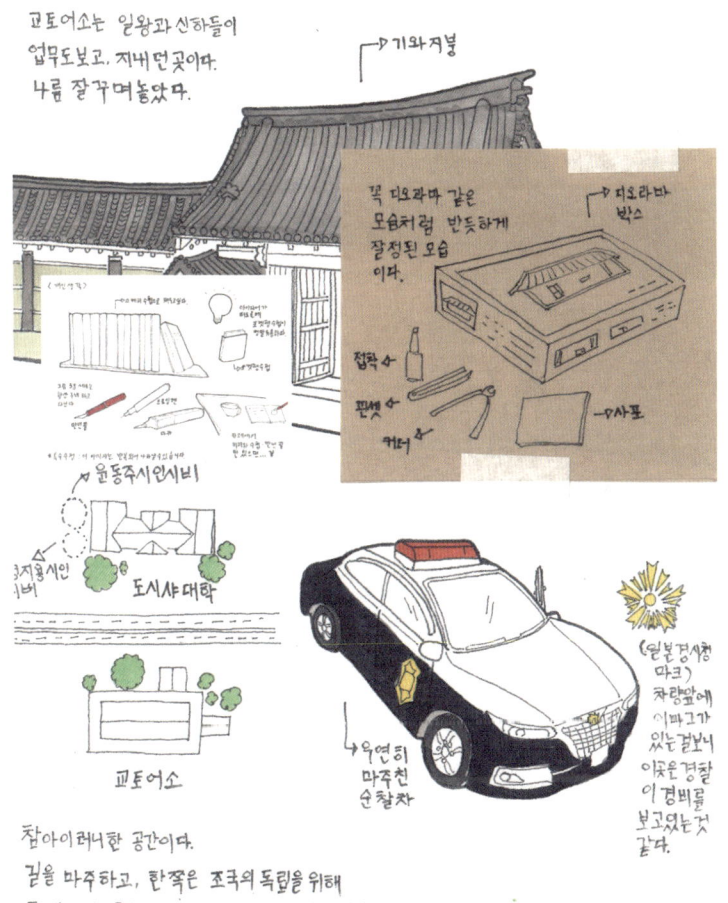

기와지붕

꼭 디오라마 같은
모습처럼 반듯하게
잘 정돈된 모습
이다.

디오라마
박스

접착

핀셋

커터

사포

윤동주 시인 시비

지용 시비

도시샤 대학

교토어소

우연히
마주친
순찰차

(일본경찰청
마크)
차량앞에
이 마크가
있는 걸보니
이곳은 경찰
이 경비를
보고있는것
같다.

참 아이러니한 공간이다.
길을 마주하고, 한쪽은 조국의 독립을 위해
희생하신 윤동주 시인이 다닌 대학교와 일본의 왕이
살던 궁이 서로를 마주보며 있다니...

우연히 마주친 일본의 대학... 도시샤 대학(同志 社)
윤동주시인과 정지용시인의 시비가 있는 장소이다.
시비는 시인을 기리는 비석이다.

윤동주시인과 정지용시인
두분이 다니시던 도시샤 대학

그림을 위한
도구 오케스트라

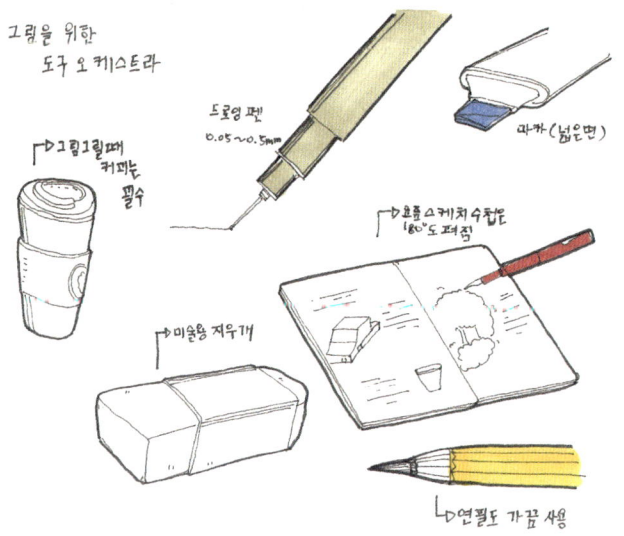

드로잉 펜
0.05~0.5mm

마카 (넓은면)

↳그림그릴때
커피는
필수

↳효룸스케치 수첩은
180˚도 펴짐

↳미술용 지우개

↳연필도 가끔 사용

도시샤 대학교와 마주치다

　지인과의 재미나고 유쾌한 식사를 마치고 다음 만남을 기약하며, 우리는 숙소로 향하였다. 이미 저녁노을이 지고 있는 터라 약간의 여유를 가지고 시원한 바람을 느끼며 걷고 있을 때 양쪽으로 약간은 이질적인 장소가 눈에 들어왔다. 왼쪽은 일본 전통 문양이 있는 큰 철문이 있는 공원 같은 곳, 오른쪽은 대학교 같은 건물, 뭐 궁금하긴 했지만 일본어에는 무지한지라, 도로 이정표에 뭐라고 적혀 있었지만, 궁금증을 참고 그냥 스쳐 지나가고 있을 때 아내의 지인분이 잘 가고 있는지 안부 전화를 해 주었다. 그래서 지금 어떤 곳을 지나서 지하철 역으로 가고 있다고, 상황 설명을 해 주니 신기하고 한편으로는 아이러니한 답변을 들을 수 있었다.

아까도 말했듯 왼쪽의 일본 전통 문양이 새겨진 곳은 일본왕과 왕후가 옛날에 살았던 곳. 지금은 일반인들에게도 개방된 궁궐이라고 하였다. 그럼 오른쪽의 대학교는. 아~ 이 얘기를 듣는 순간 알 수 없는 무언가가 내 가슴을 두드렸다. 그곳은 일제강점기 대한민국의 독립을 위하여 활동하신 시인 윤동주께서 다니신 도시샤 대학교라고 하였다. 안쪽에는 윤동주 시인과 정지용 시인을 기리는 시비가 있다고 했는데, 저녁이라 문을 닫아서 아쉽게도 들어가 보지는 못하였다.

숙소로 돌아가는 길에서 마주한 역사의 아이러니한 공간에서 마음이 숙연해지는 발걸음이라….

그렇게 가로등에 의지하며 우리는 숙소로 돌아가고 있었다.

수첩에 펜으로 끄적끄적

윤동주 시인이 만약 살아 계신다면, 지금의 우리에게 어떤 이야기를 들려주실까?

〈가차샵〉

일본에는 우리나라와는 다르게, 쓰레기 수거차량이 낮에 일을 하도있다.
이유인즉 쓰레기수거차량에서 냄새가 그렇게 많이나지 않고, 외관 또한
깨끗하다.

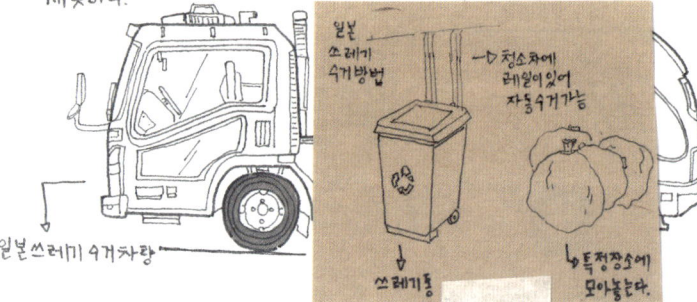

일본
쓰레기
수거방법

→청소차에
레일이있어
자동수거가능

쓰레기통

→특정장소에
모아놓는다.

일본쓰레기 수거차량

일본의 내집앞 청소문화는 본받을 만한부분이다.
그렇기에 일본의 대부분의 거리가 깔끔할수
있는것 같다.

골목에서
마주친
청소하시는 주민

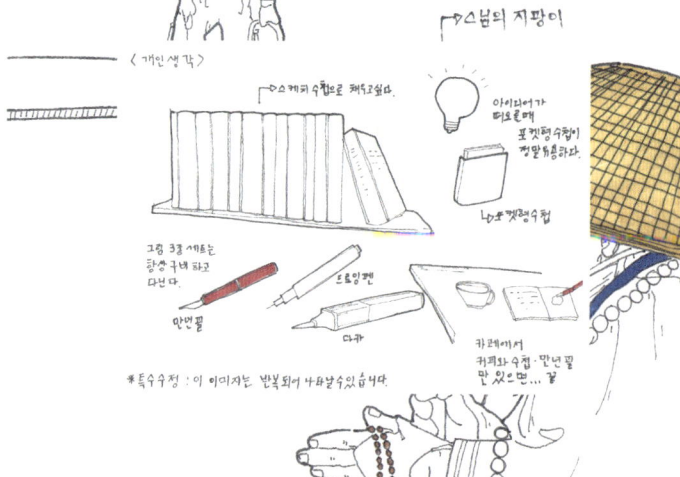

→스님의 지팡이

〈개인생각〉

→스케치 수첩으로 해두고싶다.

아이디어가
떠오를때
포켓형수첩이
정말유용하다.

→소형 펫형수첩

그림 3컷 세트는
탐색구며 하고
마본다.

만년필

드로잉펜

다꾸

카페에서
커피와 수첩·만년필
만 있으면... 끝

*특수수정 : 이 이미지는 반복되며 나타날수있습니다.

일본의 가챠샵은 위낙 다양하고
독특한 상품들이 많이있어서
한번 보기 시작하면, 시간가는줄 모른다.

→ 가챠샵의
   화투 가챠

→ 가챠원형
   보호캡

→ 100엔

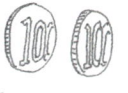

보통 300엔이면 가볍게
가챠를 즐길수 있다.

→ 화투그림을
  입체적으로 만든 가챠이다.

가챠의 원조답게 일본의 가챠샵은
평일에도, 손님들이 많아 보였다.
어린애부터, 어른들 그리고 관광객들
   어릴적 문방구에서 100원에 달걀크기
만한 뽑기를 뽑아서 쿤구들와
   화투 종을 가지고 놀았던, 옛추억이
일본에 와서 생각난건
   내가 나이가들어서 그런건가?

가챠숍 가는 길

아쉽게도 셋째 날 아침이 밝았다. 이날은 오사카 여행의 마지막 날이어서, 우리는 유명 관광지를 구경하는 것보다는 쇼핑을 하기로 결정하였다. 우선 아이들을 위하여, 대한민국에서 유행하고 있는 가챠숍…. 일본의 가챠숍을 찾아서 다양한 뽑기를 하기로 하였다. 역시 도착한 가챠숍은 일본 현지인들도 많이 있었고, 간간이 한국 관광객도 보였다. 비용은 대략 500엔~1,000엔 정도였다. 일본답게 신기하고 다양한 종류의 가챠가 많이 있었다. 아이들이 좋아하는 모습에 나도 기분이 좋아졌다.

가챠숍과 주변 가게들을 구경하고 점심 해결을 위해 우리는 식당을 찾아다니면서 일본의 풍경들을 눈에 담았다. 일본의 신기한 주차장부터 자판기 천국다운 신기한

수첩에 펜으로 끄적끄적

자판기들…. 뭔가 잘 정돈되어 보이는 빌라들…. 그리고 대한민국에서 적용되었으면 하는 일본의 자동차 법규 한 가지…. 그건 일본은 자동차의 앞 유리에는 썬팅의 투과율이 70% 이상이어야 한다는 것이다. 그게 법적으로 정해져 있어서 위반 시 벌금이 엄청나다고 한다. 또한 일단 정지 구역에서도 실제로 완전 정지를 하지 않고 지나가면 그 또한 많은 벌금을 낸다고 하니, 이런 것은 대한민국에도 잘 적용되면 좋으리라 생각이 들었다.

아 참 밥 먹어야지~ 점심은 알아본 식당이 아닌 가까운 곳에 있는 쇼핑 센터에서 먹기로 하고 지하철이 아닌 도보로 걸어서 가기로 하였다.

깔끔하게 정리된 도로의 모습, 가게 앞을 청소하는 주인의 정성스러운 모습…. 횡단보도를 건널 때 운전자에게 인사를 하는 초등학생들의 모습까지…. 여기서 또 한 가지 신기한 점은 일본은 낮에 쓰레기 수거 차량이 작업을 한다. 이것이 왜 신기한 점이냐면 우리나라는 밤에만 하는 걸로 알고 있는데, 일본은 낮에 작업을 한다는 것이 신기하였고, 혹시나 해서 냄새가 날 것 같은데 하고 쓰레기 수거차량 옆을 지나가 보니 정말 신기하게도 냄새도 안 나고 차량도 방금 세차한 것처럼 깔끔한 모습이었다. 아~ 이래서 낮에도 작업이 가능한 건가 내심 속으로 대단함을 느꼈다. 작은 것 하나에도 신경을 쓰는 일본의 모습이다.

우리는 뭔가를 바꾸기 위해서는 시간과 노력이 많이 든다고 생각한다. 그런데 막상 시간과 노력을 많이 들여도 우리는 뭔가를 바꾸려 하지 않는다.

〈 컨디샵 〉

일본의 차량에는 엄격한 썬팅기준이 적용되는데,
정면과 앞좌석 유리창에는 70% 이상의 투과율 적용

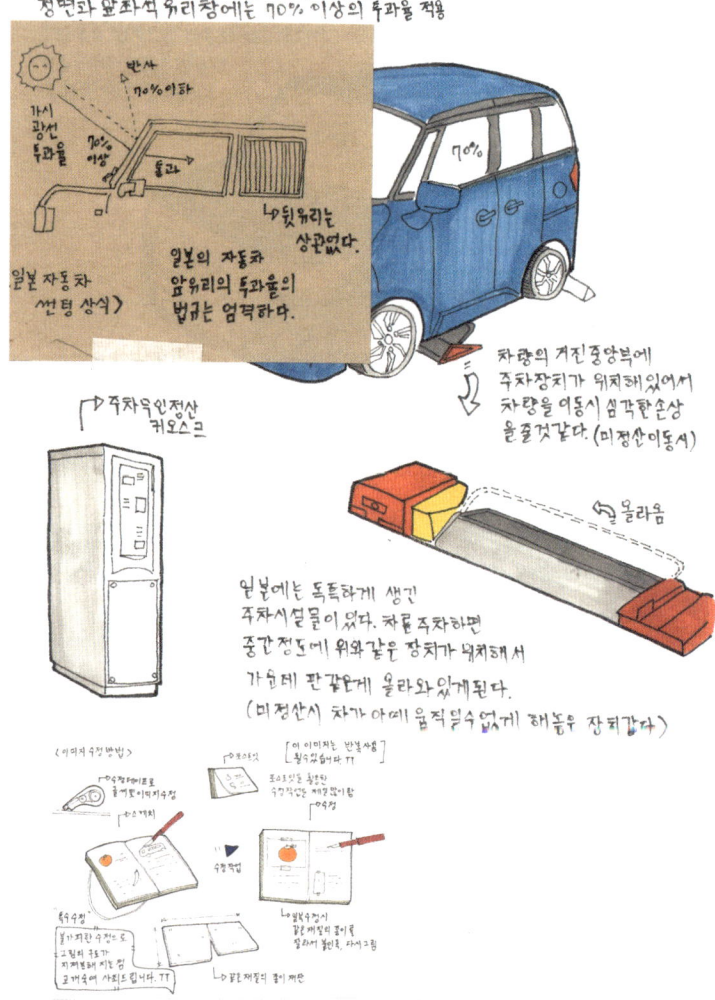

반사
70%이하

가시
광선
투과율

70%
이상

투과

↘뒷유리는
상관없다.

일본 자동차
썬팅 상식〉

일본의 자동차
앞유리의 투과율의
법규는 엄격하다.

→ 주차육인정산
키오스크

차량의 겨진 중앙부에
주차장치가 위치해 있어서
차량을 이동시 심각한손상
을 줄것같다. (미정산이동시)

올라옴

일본에는 독특하게 생긴
주차시설물이 있다. 차를 주차하면
중간 정도에 위와같은 장치가 위치해서
가운제 판같은게 올라와 있게된다.
(미정산시 차가 아예 움직일수없게 해놓은 장치같다)

〈 이미지 수정방법 〉

수정테이프로
칠하면이미지수정

수스케치

우유연앞

[이 이미지는 반복사용
될수있습니다. TT]

5~6장을 충분한
수정작업은 제작못함ㅠ

수정펀

붓수정

붓이 끼잔 수정으로
그림의 주요가
지저분하게 지는 점
교묘속에 사라드립니다. TT

→일반수정시
겉 껍질의 불 기로
일어서 불린후 다시그림

→겉 표질의 불이 뜨면

일본 오사카에서 많이 찾는 지하상가 라고 한다.
이름이 잘 기억이 나질 않지만
캔디샵의 외관은
좀 독특 했다.

이 캔디샵이 수제 캔디로
유명하다고 해서, 선물용으로
구매하기 위해 왔다.

다양한 그림들이 있는
수제 캔디는 만드는 과정을
안에서 볼수 있다고 했는데
내가 갔을때는 안하고
있었다.

지퍼 팩형

나유리형

<수제캔디 대략 만드는 과정>

여러 색상의
캔디 원재료를
합체시킨다.

합체시킨 원재료를
계속 굴리면서
얇게 늘린다.

늘린 캔디
컷팅

컷팅한 단면에
그림이 나온다.

오사카에서의 마지막 밤

언제나 아니면 누구나 그렇듯이 여행의 마지막 밤은 아쉬움이 많이 남는 기분일 것이다. 뭔가 여행의 마지막을 정리하는 순서와 마주한다는 것은 공허하면서도 다시 집으로 돌아간다는 설렘… 만감이 교차한다는 표현이 참 여기서는 잘 어울리는 단어일 것이다.

저녁은 여행의 첫날에 축배를 들었던 것처럼, 여행의 마지막을 마무리하는 건배의 순서인지라, 우리는 가까운 편의점에 들러 저녁 식사와 맥주를 구입한 뒤, 첫날의 모습처럼 한자리에 모여, 각자 이번 여행에서 즐겁고 재미났던 에피소드들을 이야기하였다.

이야기가 무르익어 갈수록, 나는 잠시 몸을 침대에 기대어 가족들의 얼굴을 천천히 보았다. 나는 이렇게 생각

수첩에 펜으로 끄직끄적

하곤 한다. 여행… 구경하고 맛있는 걸 먹고, 사진 찍으면서 추억을 쌓는 것도 맞지만, 이렇게 내가 사랑하는 가족들과 서로 얼굴을 마주하고, 웃으면서 이야기하는 모습을 보기 위해서 일부러 여행을 떠나는 것일 수도 있을 것이다. 그렇기에 지금 이 순간 가족의 모습들을 오래도록 마음속 깊이 간직하고 싶은 즐거운 저녁이다.

본심이 아니었을 것이다. 내가 그토록 내게 모진 말을
한 건, 내가 싫어서가 아니라 아마 내 나약함을 숨기고 싶
어서 그랬을 것이다. 그래 그렇다고 기억하자. 다시는 슬
프지 않게….

< 커피숍 >

< 이미지 수정 방법 >

↳ 포스트잇

[이 이미지는 반복사용
될수있습니다. TT]

수정테이프로
줄쳐밍이미지수정

↳스케치

포스트잇을 활용한
수정작업은 제일많이함

↳수정

수정작업

특수수정
불가피한 수정으로
그림의 구도가
지저분해 지는 점
고개숙여 사죄드립니다. TT

↳ 일부수정시
같은 재질의 종이를
잘라서 붙이돼, 다시그림

↳같은재질의 종이 재단

커피는 아직도 무슨맛으로
먹는지모른다.
그저 피로를 없애기
위해 마시는 행위일까?
그래도 바리스타분들이
커피를 만드시는 모습을
보면, 뭔가 심오한
분위기가 보여서
멋져보인다.
그래서 그런가?
커피숍에서
먹는 커피는
피로가
금방풀리는
기분이다.

↳탬퍼

↳포터필터

생원두 보관통

↳철제   밀폐장치

↳철제

밀폐장치가 뚜껑에 있다.

나도 언젠가 기회가 된다면
바리스타 자격증을 따보고
싶지만, 그 언젠가가
언제가 될지 미지수다.

〈사이폰〉

로드 ◁—

융필터 ◁—

플라스크 ◁—

알코올
램프 ◁—

└▷스탠드

유명 커피숍에 들어가니
요상한 물건이 나를 반겨주었다.
커피에 무지한 나로써는
어릴적 과학시간에 만 보던
알코올 램프를 보고, 이것도 인테리어
소품인가란 소소한 의문을 품었다.

이건 사이폰이란 커피추출
장비로 진공추출 방식 이라고
한다.
과학시간에 공부좀 열심히
할걸 그랬다. 설명을 봐도
뭔소리인지 전혀모르겠다.

언어소통이 잘못되어
일회용 용기에 나왔다.

↑

㉠ 하단플라스크에 물을 ㉡ 상단에는 커피를
담는다.

㉢ 알코올 램프를 이용해
가열하면, 물이 위로
올라가 커피와 섞인다.

▷사이폰 추출커피

㉣ 불을 끄면 커피물이
필터 튬통해아 래로
내려온다.

㉤ 플라스크로 내려온
커피를 잔에 따라
마신다.
어렵다.

그냥 카운터에 "아메리카노 한잔주세요"
하면, 맛은 잘모르지만, 피로를 풀어주는 따법의
커피가 나온다.

일본 커피숍

비행기 시간이 오후 일정이기도 해서, 우리는 시내의 유명 커피 전문점에서 잠시 시간을 보내기로 하였다. 아내는 어제 만난 지인분을 한국 가기 전에 한 번 더 보기 위해 약속을 잡은 것도 있었다.

오전이라서 그런지 커피숍에는 사람들이 많이 보이지 않았지만, 업무를 보거나 책을 읽으러 온 일본 사람들이 간혹 보였다. 헌데 이 커피숍의 컨셉인지는 모르겠지만 한 켠에 특이하게 실험실에서만 보던 도구들이 보였는데 오~~ 뭔가 신기해서 좀 더 자세히 보니 유리병 같은 것과 알코올 램프가 열심히 커피를 만들고 있었다. 뭔가 심오한 과학적 원리가 있는 것 같은데, 잘 모르겠다.

알코올 램프 앞 쪽에는 각각 커피의 향을 맡아 볼 수 있는 샘플들이 있어서 맡아 보니, 과일 향도 있고, 무슨 계 피 향 같은 것도 있고, 바닐라 향도 있었던 것 같다. 그렇게 신기한 도구들을 구경하는 동안, 주문한 커피와 간단한 디저트가 나왔고, 아침에 비워 둔 디저트 배를 채우며, 아내는 지인분과의 대화를 나는 커피숍의 전경을 그리며, 한 공간에서 각자의 일들을 하며, 시간을 보내고 있었다.

우리의 아버지는 누군가의 아들이었고, 어머니는 누군가의 딸이었을 것이다.

아마 우리 아버지, 어머니도 부모님을 안고 사랑했다고 소리 내어 울고 싶을 것이다.

아마 무언가 혼자서 감당이 안 될 때 위로를 바라는 게 아니라, 그냥 그러고 싶으실 것이다.

일본 간사이 공항)

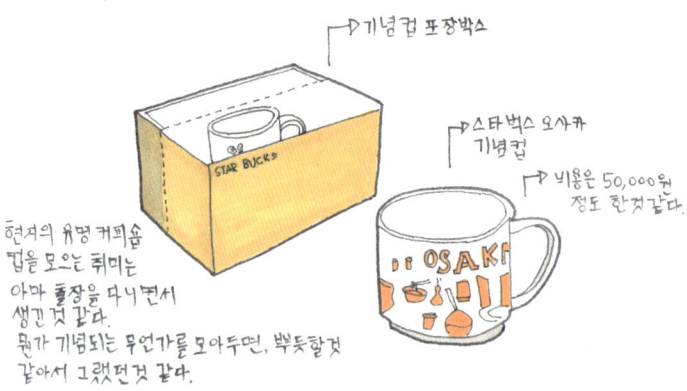

↱ 기념컵 포장박스

↱ 스타벅스 오사카
  기념컵

↱ 비용은 50,000원
  정도 한 것 같다.

STAR BUCK

DE OSAKE

현지의 유명 커피숍
컵을 모으는 취미는
아마 출장을 다니면서
생긴 것 같다.
뭔가 기념되는 무언가를 모아두면, 뿌듯할것
같아서 그랬던것 같다.

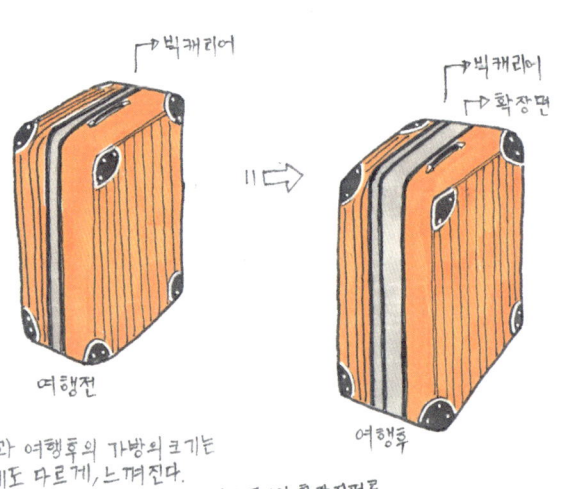

↱ 빅 캐리어

↱ 빅 캐리어
↱ 확장면

여행전

여행후

여행전과 여행후의 가방의 크기는
신기하게도 다르게, 느껴진다.
우리의 빅 캐리어도, 배가 부룬지 비장의 무기인 확장지퍼를
개방하였다. 다행히도 무게가 초과되지는 않아서, 무사히
비행기를 같이 탈수 있었다.

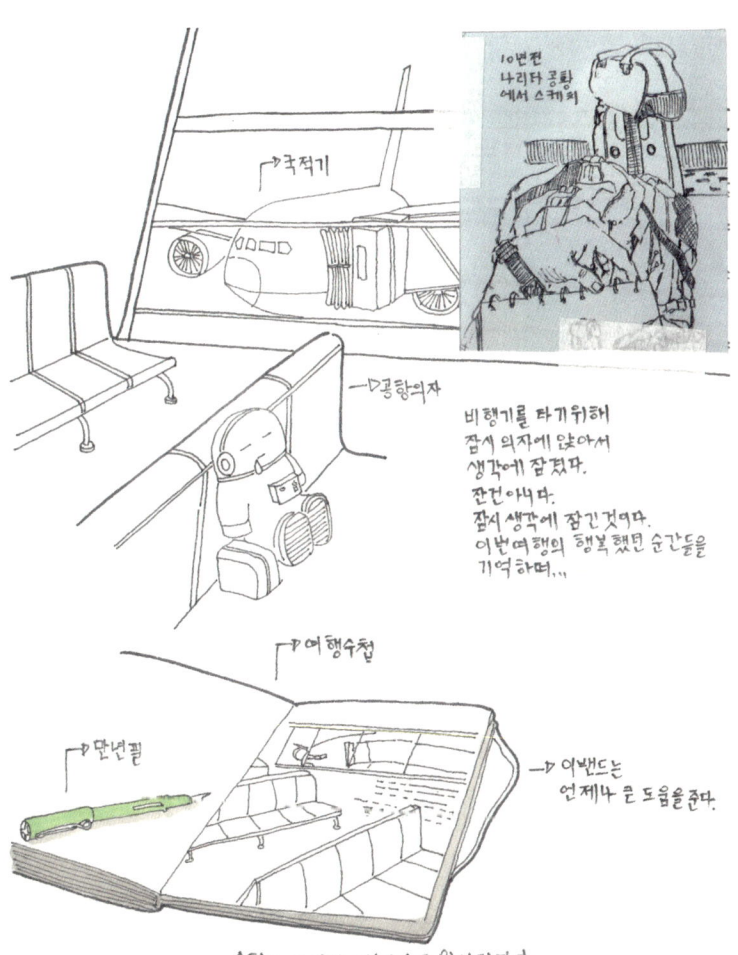

10년전
나리타 공항
에서 스케치

→ 국적기

→ 공항의자

비행기를 타기위해
잠시 의자에 앉아서
생각에 잠겼다.
잔건아니다.
잠시 생각에 잠긴것이다.
이번여행의 행복 했던 순간들을
기억하며...

→ 여행수첩

→ 만년필

→ 에밴드는
언제나 큰 도움을 준다.

수첩의 마지막 페이지가 완성되었다.
이렇게 여행을 다니며, 기록한 나의 그림일기는
오래토록 추억의 한편에서, 나에게 재미있는
이야기를 들려준다.

수첩의 마지막 페이지

  지인분과의 잠깐의 티타임을 가진 우리는 공항으로 이동하였다.

  뭔가 짧은 일본 여행이어서 아쉬움이 많이 남는 시간이었지만, 이 또한 다음을 기약할 수 있는 나름의 약속 같은 느낌이어서 스스로에게 위로의 인사를 하였다.

  도착한 공항에는 우리와 같이 한국으로 돌아가기 위해 대기하는 한국분들이 많이 있었다. 이분들도 아마 나와 같은 마음이 아닐까? 티켓팅을 위해 줄을 서서 짐을 부치고 출국심사를 마친 뒤 면세 구역으로 들어선 우리는 의자에 잠시 몸을 붙이고 대기하고 있었다. 창문 한쪽으로 우리를 집으로 데려다줄 국적기와 마주하였다. "이젠 정말 집으로 가는구나." 뭔가 아쉬움이 가득한 나만의 감상

수첩에 펜으로 끄적끄적

에 빠졌을 때, 비행기 탑승이 시작되었고, 승무원의 안내에 따라 비행기에 올라, 좌석에 앉으니 아까의 감상은 어디 갔는지, 머리를 붙임과 동시에 정말 쥐도 새도 모르게 잠이 들었다.

여행이란 단어가 어떤 말을 줄여서 부르는지 아는가?

"여러분 행복하세요." 나는 이렇게 생각한다.

❘ 여행 후기

　이번 일본 여행은 짧은 감이 많이 있었지만 그만큼 재미도 있었고, 아내의 친구분을 만나는 소중한 시간도 가져서 짧지만 좋은 기억이 많이 남은 여행이었습니다.

　그리고 여기서 다시 한번 독자분들께 감사의 인사를 전합니다. 저의 보잘것없는 그림과 글이 담긴 이 책을 소중한 시간과 소중한 돈으로 사 주셔서 읽어 주신 독자분들께 고개 숙여서 감사 인사를 드립니다.

　제가 가진 해외 출장 및 여행들이 많이 있어서 독자분들에게 꼭 그림과 글로 다시 보여 드리고 싶지만…. 저의 책이 조금이나마 인기가 있어서 다시 책을 만들 수 있는 기회를 독자분들께서 주신다면 정성을 다하여 다음에도 재미있고 알찬 책으로 돌아오도록 꼭 약속드리겠습니다. 그리고 끝으로 독자분들 그리고 그냥 책방에서 저의 책을 한번 들춰 보는 분들에게도 감히 제가 전해드리고 싶은 말이 있어서 적어 봅니다.

　　　　　　　　수첩에 펜으로 끄적끄적

마지막 인사말을 뭘로 하면 좋을까 생각을 잠시하다, 제 머릿속에 항상 떠오르는 사람이 한 명 있습니다. 이분의 말을 상기하면서 글을 마무리 지을까 합니다.

제가 제일 좋아하는 생존 전문가이자 전직 영국 SAS(특수부대) 출신의 에드워드 마이클 그릴스(Edward Michael Grylls), 다큐멘터리에서는 일명 베어그릴스로 불리는 분이 있습니다. 이분이 미국의 어느 생존지에서 가족들이 생각난다고…. 항상 그리고 언제나 웃음과 유머, 힘들다는 말은 한 번도 안 하시는 눈물도 한 번도 보인적 없으시면서 진행하시던 분인데, 애써 눈물을 감추시면서 힘겹게 이야기하던 모습이 아직도 머리에서 그리고 가슴에서도 잊히지 않습니다.

베어그릴스가 절벽에 기대서 시청자들에게 이런 말을 하였습니다.

"삶을 산다는 건, 희망에 대한 끝없는 도전입니다."

독자 여러분들도 이 말의 뜻을 가슴 깊이 간직해 보시기 바랍니다. 멋진 인생을 위해 끝없이 내가 이루고자 하는 것에 대해서 그 과정이 많이 힘들고 때로는 큰 역경에 부딪혀서 눈물이 날 정도로 두렵고 숨이 턱 끝까지 차오르시더라도, 딱 한 번만, 정말 온몸이 아프더라도 이를 악물고 내가 가진 희망 아니면 삶에 도전해 보시기 바랍니다.

그럼 분명 멋진 아침의 태양을 마주하실 수 있으실 겁니다. 독자 여러분 모두 파이팅입니다.

이상 박영규였습니다. 감사합니다.

긴 여행이었을지 모른다. 누군가와 마주치고, 만나고,
알게 되고, 그렇게.

한참 동안을 돌고 돌아서 도착했다.

"다녀왔습니다."

수첩에 펜으로 끄적끄적

ⓒ 박영규, 2025

초판 1쇄 발행 2025년 12월 8일

지은이   박영규
펴낸이   이기봉
편집   좋은땅 편집팀
펴낸곳   도서출판 좋은땅
주소   서울특별시 마포구 양화로12길 26 지월드빌딩 (서교동 395-7)
전화   02)374-8616~7
팩스   02)374-8614
이메일   gworldbook@naver.com
홈페이지   www.g-world.co.kr

ISBN   979-11-388-5065-0 (03810)